Raymond

Cuisine bretonne

d'hier et d'aujourd'hui

117 recettes

Photographies
Claude Herlédan

Editions OUEST-FRANCE

SOMMAIRE

Entrées

Bisque d'étrilles

POUR 6 PERSONNES
Préparation : 30 min
Cuisson : 25 min

- 1 kg d'étrilles cuites
- 3 carottes
- 1 gros poireau
- 1 oignon
- 2 gousses d'ail
- 2 tomates
- 1 dose de safran
- 1 cuillerée à soupe de paprika
- 1 bouquet garni
- 25 cl de vin blanc sec
- 1 petit verre (7,5 cl) de pastis
- 3 cuillerées à soupe de crème fraîche épaisse
- 3 jaunes d'œufs
- sel, poivre
- piment de Cayenne
- huile d'olive

Préparer les légumes

- Éplucher les légumes : carottes, poireau, oignon et ails, les hacher grossièrement. Les faire revenir avec trois cuillerées à soupe d'huile d'olive dans une marmite sur feu moyen pendant 8 à 10 min en remuant.
- Ajouter les tomates coupées en morceaux, le bouquet garni, le vin blanc, le safran, le pastis, sel et poivre.
- Amener à ébullition, laisser cuire 5 min.

Préparer la bisque

- Ouvrir les étrilles, retirer les branchies (lamelles blanches), écraser grossièrement les corps et les pinces. Les jeter dans la marmite.
- Ajouter 1,5 l d'eau et laisser mijoter à couvert 25 min. Ensuite, passer le tout longuement au mixeur et filtrer à travers un tamis.
- Remettre cette soupe à chauffer dans la marmite.
- Préparer dans une soupière les jaunes d'œufs mélangés à la crème fraîche et une bonne pincée de piment de Cayenne.

Servir

- Verser lentement la bisque dans la soupière en remuant vivement.
- Accompagner de petits croûtons frits à l'huile d'olive.

Bicornes de l'Amiral

POUR 6 PERSONNES
Préparation : 40 min
Repos : 2 h
Cuisson : 20 à 30 min
750 g de pâte feuilletée
200 g de morue demi-sel
3 cuillerées à soupe de noix de coco râpée
3 cuillerées à soupe de crème fraîche épaisse
1 cuillerée à soupe de ketchup
1 cuillerée à café de pâte de piment ou de harissa
3 grosses gousses d'ail hachées
1 oignon haché
1 petite botte de ciboulette ciselée
1 cuillerée à café de lait
1 jaune d'œuf
huile d'olive
poivre

Préparer la pâte de morue

- Couper la morue en petits dés et la faire dessaler dans une grande jatte d'eau froide au minimum 2 h. L'égoutter, la rincer et l'essuyer dans du papier absorbant.

- Faire chauffer quatre cuillerées à soupe d'huile d'olive dans une grande poêle. Y blondir oignon et ail 1 min. Ajouter la morue, la pâte de piment et la noix de coco râpée.
- Remuer 5 min, puis verser dans le mixeur. Ajouter la crème fraîche, le ketchup et la ciboulette. Mixer le tout en pâte. Laisser refroidir totalement.

Préparer les bicornes

- Découper des carrés de 9 x 9 cm environ dans la pâte feuilletée. Poser au centre de chaque carré une cuillerée à café de pâte de morue et replier la pâte feuilletée en formant un triangle. Humecter les bords et les souder à la fourchette.
- Poser les bicornes sur une tôle à pâtisserie, les dorer au jaune d'œuf délayé d'une petite cuillerée à café de lait.
- Faire cuire 20 à 30 min dans le four préchauffé à 220 °C (th. 7).
- Dresser les bicornes sur un plat. Les servir à l'apéritif, ou en entrée accompagnés d'une salade.
- Cette recette peut se faire également en une tourte. Prendre alors deux disques de pâte feuilletée.

Crevettes sur le sel

POUR 4 PERSONNES

500 g de crevettes roses vivantes
500 g de gros sel gris

- Faire chauffer le gros sel dans une grande poêle sur feu vif. Lorsqu'il est brûlant, verser les crevettes vivantes dessus. Couvrir et faire cuire jusqu'à ce que les crevettes soient bien roses. Les remuer de temps en temps sans les mélanger au sel.
- Servir dans un ravier avec du pain de seigle et du beurre demi-sel.

Cocktail de fruits de mer

POUR 6 PERSONNES
Préparation : 1 h
Réfrigération : 1 h
500 g de moules de bouchot
300 g de coques
6 noix de coquilles Saint-Jacques
150 à 200 g de chair de crabe ou d'araignée
6 grosses crevettes roses cuites
1 pomme, 1 orange, 1 citron pressé
2 œufs cuits durs
1 cœur de laitue
quelques brins de persil

Mayonnaise
1 jaune d'œuf
1 verre (20 cl) d'huile
1 cuillerée à café de moutarde
1 cuillerée à café de ketchup
1/2 cuillerée à café de paprika doux
1/2 cuillerée à café de Worcester sauce
quelques gouttes de Tabasco
1 cuillerée à soupe d'armagnac
1 cuillerée à soupe de crème fraîche épaisse
sel, poivre

Préparer les fruits de mer

- Laver les moules et les coques, les faire cuire, les décoquiller, les réserver.
- Verser le jus de citron dans une grande jatte. Y couper les noix de coquilles Saint-Jacques en fines lamelles, laisser macérer 5 min. Ajouter la pomme taillée en petits cubes, les moules, les coques et la chair de crabe.
- Peler l'orange à vif, la couper en quatre, puis en lamelles, verser dans la jatte.

Préparer la mayonnaise

- Placer le jaune d'œuf dans le bol du mixeur. Ajouter la moutarde, le sel et le poivre. Faire tourner le mixeur 1 min avant de verser l'huile en mince filet par l'ouverture du bol.
- Lorsque la mayonnaise est bien ferme, y incorporer le ketchup, le Tabasco, le Worcester, le paprika, l'armagnac et la crème fraîche. Mélanger cette mayonnaise dans la jatte de fruits de mer et mettre 1 h dans le réfrigérateur.

Dresser

- Garnir des coupes à glace d'une feuille tendre de laitue, puis remplir de cocktail de fruits de mer. Poser une rondelle d'œuf dur sur chaque coupe et une crevette rose. Piquer un brin de persil et réfrigérer encore quelques minutes avant de servir.

Diaoulezed

POUR 4 PERSONNES
Préparation : 1 h
Cuisson : 30 min

16 queues de langoustines cuites et décortiquées
4 grosses pommes à peau dure Granny Smith
2 cuillerées à soupe de ciboulette ciselée
1 cuillerée à café d'estragon haché
2 œufs et 2 jaunes d'œufs
1 cuillerée à soupe de crème fraîche épaisse
1 cuillerée à café de curry
3 cuillerées à soupe de calvados ou marc de cidre
1 cuillerée à café bombée de Maïzena
1 noix (50 g) de beurre demi-sel
1 citron pressé
sel, poivre

Préparer la garniture de langoustines

- Couper les queues de langoustines en deux dans la longueur.
- Chauffer une noisette (25 g) de beurre dans une poêle sur feu vif et y dorer les queues de langoustines 2 min, puis les saupoudrer de curry, sel et poivre. Remuer encore 2 min pour bien les enrober d'épices.
- Arroser de calvados, flamber, faire réduire le jus à environ une cuillerée. Retirer du feu.
- Fouetter les œufs et les jaunes en omelette mousseuse avec la Maïzena. Incorporer la crème fraîche, toujours au fouet. Ajouter la ciboulette, l'estragon et les queues de langoustines en mélangeant avec une cuillère de bois.
- Faire juste fondre une noisette de beurre dans une casserole à fond épais sur feu doux. Y verser la préparation précédente et tout en remuant faire prendre consistance d'œufs brouillés baveux.
- Dès cette consistance obtenue, verser dans une jatte et réserver.

Préparer les pommes

- Découper un chapeau aux deux tiers de la hauteur des quatre pommes et les creuser légèrement.
- Évider largement les pommes. Arroser chapeaux et intérieurs des pommes avec le jus de citron.
- Préchauffer le four à 200 °C (th. 6).
- Remplir les pommes à déborder avec la préparation aux langoustines. Remettre les chapeaux en place.
- Poser les pommes ainsi farcies dans des ramequins ou dans un plat à four (attention, elles ne doivent pas se toucher).
- Les faire cuire 30 min dans le four. Servir immédiatement.

Filets de daurade en vinaigrette de légumes

POUR 6 PERSONNES
Préparation : 15 min
Cuisson : 15 min
600 g de filets de daurade
2 carottes
2 oignons
1 poivron vert moyen
1 petit piment frais (ou sec)
1 branchette de thym
1 feuille de laurier
1/2 verre de vinaigre de cidre
1 pomme
1 citron pressé
1 pincée de curry
2 gousses d'ail
4 cuillerées à soupe d'huile d'olive
sucre
sel, poivre

Préparer les légumes

- Râper les carottes, tailler le poivron en petits bâtonnets, émincer finement les deux oignons.
- Retirer les graines du piment, émincer la chair (ou émietter le piment sec).
- Mettre ces légumes à cuire dans une casserole avec le vinaigre de cidre, trois cuillerées à soupe d'huile d'olive, deux cuillerées à soupe d'eau, le thym, le laurier, deux cuillerées à café de sucre et du sel.
- Couvrir et laisser cuire 15 min sur feu doux.

Préparer le poisson

- Peler et couper la pomme en tout petits cubes, les mélanger dans un bol avec le jus de citron.
- Écraser les deux gousses d'ail dans une poêle, ajouter une bonne cuillerée à soupe d'huile d'olive, la pincée de curry.
- Remuer sur feu moyen, puis ajouter les filets de poisson et les faire frire 3 min sur chaque face ou jusqu'à ce qu'ils soient dorés. Puis les installer sur un plat.
- Jeter les cubes de pomme dans les légumes et remuer encore 2 min sur feu vif, avant de verser cette vinaigrette de légumes sur les filets de daurade.
- Servir tiède ou froid.

Effeuillés aux deux saumons

POUR 6 PERSONNES

Préparation : 15 min

6 tranches de saumon fumé
300 g de saumon frais
300 g de carottes râpées en salade (traiteur)
2 citrons verts
2 cuillerées à café d'échalotes finement hachées
1 petit bouquet de ciboulette
sel, poivre

- Retirer peau et arêtes du morceau de saumon frais puis le tailler en fines lamelles. Étaler ces lamelles sur une assiette, les saler, poivrer et les arroser avec le jus des deux citrons, dans lequel on aura mélangé les échalotes.
- Couper chaque tranche de saumon fumé en quatre bandes.
- Disposer saumon fumé et saumon frais en éventail sur six assiettes. Entourer d'une fine couronne de carottes râpées et décorer de ciboulette ciselée.
- Servir frais accompagné de pain grillé et beurre.

Galathées de Marie-Joseph

POUR 6 PERSONNES
Préparation : 30 min
1,2 kg de galathées vivantes
4 gousses d'ail écrasées
3 tomates pelées et épépinées
2 cuillerées à soupe de persil haché
1 cuillerée à soupe de paprika doux
1 cuillerée à café de curry
2 bonnes pincées de Cayenne
1 pointe de couteau de gingembre en poudre
1/3 de verre (7 cl) de calvados ou eau-de-vie de cidre
1 verre (20 cl) de vin blanc (muscadet sur lie)
1/2 verre (10 cl) d'huile d'olive
sel, poivre

- Plonger les galathées 2 s dans de l'eau bouillante salée, les égoutter.
- Chauffer l'huile d'olive dans une sauteuse sur feu vif. Lorsqu'elle commence à fumer, y jeter les galathées et les dorer 5 min en remuant. Les arroser de calvados, les flamber (hors du feu).
- Ajouter le paprika, le curry, le Cayenne, le gingembre et l'ail. Remuer 2 min pour bien imprégner les galathées d'épices, puis les retirer de la sauteuse avec une écumoire, les réserver.
- Mettre dans la sauteuse les tomates, le persil, le vin blanc, le sel et le poivre. Laisser cuire 10 min sur feu vif, puis remettre les galathées dans cette sauce.
- Remuer et couvrir, laisser cuire encore 10 min.
- Verser dans un plat et servir.

Huîtres au cidre et bigorneaux

POUR 4 PERSONNES
Préparation : 50 min
Cuisson : 5 à 7 min sous le gril

- 24 huîtres plates assez grandes et bien charnues
- 200 g de gros bigorneaux
- 2 verres (40 cl) de cidre bouché brut
- 2 petites tomates fermes
- 1 carotte
- 1 branche de céleri
- 1 gousse d'ail non épluchée
- 1 petite botte de cerfeuil
- 1 pincée d'algues sèches
- 2 échalotes
- 20 cl de crème fraîche
- 1 petite noix (40 g) de beurre
- 1 cuillerée à soupe de jus de citron
- gros sel gris, poivre

- Faire cuire les bigorneaux et les extraire de leurs coquilles. Les réserver.

Préparer un court-bouillon

- Verser le cidre dans une casserole. Ajouter les échalotes grossièrement hachées, la gousse d'ail, la pincée d'algues sèches, la carotte et le céleri. Faire bouillir 15 min sur feu moyen, puis filtrer, remettre le court-bouillon dans la casserole, laisser tiédir.

Préparer les huîtres

- Extraire les huîtres de leurs coquilles et les verser avec leur eau dans le court-bouillon. Réserver la partie creuse des coquilles et les ranger sur la lèchefrite du four préalablement recouverte de gros sel pour éviter que les coquilles ne se renversent.
- Porter le court-bouillon avec les huîtres sur feu doux et amener à frémissement en surveillant car elles ne doivent pas bouillir. Filtrer au-dessus d'une jatte, réserver les huîtres, remettre le court-bouillon dans la casserole. Le faire réduire de moitié sur feu vif. Y ajouter la crème fraîche et faire encore réduire de moitié ou jusqu'à obtenir une consistance onctueuse et nappante.
- Poivrer, ajouter le jus de citron et le beurre, mélanger, goûter et rectifier l'assaisonnement.

Dresser

- Préchauffer le four sur gril.
- Couper la chair des tomates en tout petits dés.
- Déposer une huître et quelques bigorneaux dans chaque coquille creuse.
- Napper de sauce, parsemer de petits dés de tomate, poivrer à nouveau et faire dorer 5 à 7 min sous le gril.
- Pour servir, poser six huîtres par assiette, saupoudrer de cerfeuil ciselé et servir aussitôt.

Huîtres chaudes au Crémant de Loire

POUR 6 PERSONNES
Préparation : 30 min
30 grosses huîtres n° 1 ou n° 2
1 grand verre (20 cl) de Crémant de Loire brut
1 cuillerée à soupe de pastis
150 g de beurre doux coupé en cubes
quelques brins d'aneth ou de fenouil ciselés
gros sel, poivre du moulin

Préparer les huîtres

- Ouvrir les huîtres en recueillant leur eau. Retirer les chairs des coquilles, les réserver dans un bol. Laver trente coquilles creuses et les garder au chaud dans le four doux.

Cuire les huîtres

- Dans une casserole, verser le Crémant, le pastis et l'eau des huîtres filtrée. Porter sur feu vif et faire réduire de moitié. Ramener à feu doux.
- Pocher les huîtres quelques secondes dans la réduction en les remuant délicatement jusqu'à ce qu'elles deviennent opaques. Les retirer immédiatement avec

une écumoire et les réserver dans un bol au chaud (au bain-marie) avec une cuillerée de réduction pour leur éviter de se dessécher. Hors du feu, incorporer petit à petit le beurre dans la réduction à l'aide d'un fouet pour obtenir une sauce onctueuse. Poivrer.

Dresser

- Disposer un lit de gros sel par assiette, y installer cinq coquilles creuses chaudes. Déposer dans chacune d'elles une huître, la napper de sauce et la parsemer d'une pincée d'aneth ou de fenouil.
- Servir de suite.

- On peut préparer cette recette à l'avance. On terminera la sauce juste avant de servir.

Palourdes farcies

POUR 4 PERSONNES
Préparation : 35 min
Cuisson : 10 min sous le gril
1 kg de palourdes
150 g de beurre demi-sel
2 gousses d'ail et 1 petit oignon, le tout haché
2 échalotes
1 bonne pincée de curry
6 cuillerées à soupe de persil et ciboulette hachés
3 biscottes ou 1 grosse tranche de pain
chapelure
sel, poivre

Préparer les palourdes

- Faire cuire les palourdes au naturel. Les décoquiller en ne conservant qu'une coquille, les ranger dans un plat à four côte à côte. Réserver un verre (15 cl) de jus de cuisson.

Préparer la farce

- Tremper les biscottes ou le pain dans le jus de cuisson des palourdes. Mélanger en bouillie. Chauffer le beurre dans une casserole sur feu moyen avec les échalotes, l'ail et l'oignon, en remuant 3 min. Ajouter le persil, la ciboulette, le curry, le poivre et le mélange des biscottes et du jus de cuisson. Laisser mijoter 5 à 8 min. Goûter et saler si nécessaire.
- Verser une cuillerée de cette farce sur chaque palourde. Saupoudrer légèrement de chapelure et placer 10 min sous le gril du four (ou 20 min dans le four préchauffé à 210 °C [th. 7]).
- Procéder de même pour les amandes, les vernis ou les moules.

Praires farcies

POUR 4 PERSONNES
Préparation : 40 min
Cuisson : 20 min
1 kg à 1,5 kg de praires
150 g de beurre demi-sel
2 échalotes et 2 gousses d'ail, hachées
4 cuillerées à soupe de persil haché
1/2 cuillerée à café de fenouil en poudre
la mie d'une grosse tranche de pain émiettée
sel, poivre
chapelure

- Ouvrir les praires à cru. Ne conserver qu'une coquille. Les ranger côte à côte sur un plat à four.
- Faire chauffer le beurre dans une casserole avec les échalotes et l'ail en remuant 3 min. Ajouter le persil, le fenouil, la mie de pain et du poivre. Laisser mijoter 5 min. Saler peu. Verser une cuillerée de cette farce sur chaque praire.
- Saupoudrer légèrement de chapelure et faire cuire et dorer 20 min dans le four préchauffé à 210 °C (th. 7).

Praires, palourdes, amandes, vernis grillés

POUR 4 PERSONNES
Préparation : 30 min
1 à 1,5 kg de coquillages
200 g de beurre demi-sel mou
1 cuillerée à café rase de curry
1 citron pressé
chapelure

- Ouvrir les coquillages à cru. Ne conserver qu'une coquille.
- Poser les coquillages dans un plat à four. Les arroser de jus de citron.
- Manier le beurre avec le curry et en déposer une demi-cuillerée à café sur chaque coquillage.
- Saupoudrer très légèrement de chapelure et placer 5 à 10 min sous le gril du four.

Pouces-pieds du gardien de phare

POUR 4 PERSONNES
Préparation : 15 min
Cuisson : 15 min
2 à 4 kg de pouces-pieds
thym, laurier
1 verre de vin blanc sec
gros sel, poivre

Les pouces-pieds sont des crustacés de la famille des Anatifes. Fixés aux rochers exposés aux vagues, ils ressemblent à des pattes de tortue. La finesse de la chair extraite des pattes est très iodée.

- Après avoir lavé les pouces-pieds à grande eau, les plonger dans une marmite d'eau bouillante salée, poivrée et additionnée de vin blanc.
- Faire cuire 15 min puis les égoutter.
- Servir chauds avec du pain de seigle et du beurre demi-sel.
- Pour les décortiquer, pincer l'enveloppe à la base de la coque en sabot et la déchirer, le corps rose sortira de lui-même.

Pouces-pieds « Fort Cigogne »

POUR 4 PERSONNES
Préparation : 20 min
2 kg de pouces-pieds cuits au naturel
250 g de pâtes fraîches ou de tagliatelles
20 cl de crème fraîche liquide
1 petit bocal de beurre de homard
1 citron pressé
1 cuillerée à soupe de ketchup
2 à 3 cuillerées à soupe de porto
1 pointe de couteau de curry
huile
sel, poivre

- Extraire la chair des pouces-pieds.
- Mélanger, dans une casserole, la crème fraîche avec le ketchup, le beurre de homard, le porto, le curry, le sel et le poivre. Faire chauffer et mijoter cette sauce 10 min sur feu doux en remuant.
- Faire cuire les pâtes à l'eau salée et additionnée de deux cuillerées à soupe d'huile. Les égoutter et les rincer sous l'eau très chaude. Les verser dans un plat creux. Les arroser de jus de citron et y ajouter les pouces-pieds. Napper de sauce bouillante.

Quiche du Pêcheur

POUR 6 PERSONNES
Préparation : 5 min pour la pâte, 25 min pour la quiche
Cuisson : 45 min

Pâte semi-feuilletée
240 g de petits-suisses (4 gros ou 6 petits)
250 g de farine
125 g de beurre demi-sel très mou (de la consistance des petits-suisses)
1/2 cuillerée à café de sel

Garniture
500 g de cocktail de fruits de mer surgelé (mélange de fruits de mer) ou un mélange de fruits de mer frais
250 g de champignons émincés (frais ou surgelés)
1 cuillerée à soupe de ketchup
1 cuillerée à soupe de curry
1 petit verre (5 cl) de calvados ou marc de cidre
2 échalotes hachées
20 cl de crème fraîche
2 œufs, 1 jaune d'œuf pour dorer la quiche
huile d'olive, sel, poivre

Préparer la pâte semi-feuilletée

- Mettre le beurre dans le mixeur avec les petits-suisses et le sel. Donner quelques tours pour mélanger. Ajouter la farine, mixer encore un peu, juste pour l'incorporer.
- Laisser reposer la pâte 30 min au froid. Si on l'a faite longtemps à l'avance, la sortir du réfrigérateur 20 min avant l'emploi.

- Pétrir la pâte un peu à la main pour lui donner de la souplesse. En étendre les deux tiers sur la table farinée à 5 mm d'épaisseur et en garnir un moule à tarte (de préférence démontable) de Ø 26 cm. Réserver le tiers de la pâte restante.

Préparer la garniture

- Verser un fond d'huile d'olive (trois cuillerées à soupe) dans une sauteuse sur feu vif.
- Y colorer 2 min les échalotes puis ajouter les fruits de mer décongelés et égouttés. Dorer le tout 5 min en remuant. Saupoudrer de curry et bien mélanger. Arroser de calvados et flamber (hors du feu). Reporter sur feu moyen.
- Ajouter les champignons, le ketchup, sel et poivre. Laisser cuire 15 min en remuant fréquemment.
- Incorporer la crème fraîche, laisser cuire encore 5 min pour réduire un peu la sauce.
- Battre les deux œufs avec une fourchette dans une jatte, puis y mélanger la farce. Laisser refroidir. Verser cette farce sur la pâte.
- Étendre le tiers de pâte restant, sur la table farinée, en un rond de la taille de la quiche. Le badigeonner de jaune d'œuf délayé d'une goutte d'eau. Le piquer de quelques coups de fourchette et le poser sur la quiche.
- Souder les bords de pâte en appuyant avec les dents de la fourchette.
- Faire cuire la quiche 45 min dans le four préchauffé à 200 °C (th. 6). Laisser un peu refroidir avant de démouler. Servir chaud.

Sabots d'Anne

POUR 4 PERSONNES
Préparation : 1 h 15 min
4 gros filets de soles
1 kg de langoustines vivantes
1 boîte (500 g) de bisque de homard
2 cuillerées à soupe de crème fraîche épaisse
2 cuillerées à soupe de porto
1 pointe de couteau de curry
1 pincée de Cayenne
quelques brins de persil
1 jaune d'œuf, beurre
2 cuillerées à soupe de gros sel
vinaigre, sel, poivre
4 mini-brochettes en bois

Croûtons
4 tranches de pain de mie débarrassées de leur croûte
1 noix (40 g) de beurre demi-sel
1 cuillerée à café d'huile

Préparer le court-bouillon

- Faire bouillir 2 l d'eau dans une grande casserole avec deux cuillerées à soupe de gros sel et deux cuillerées à soupe de vinaigre. Jeter les langoustines dans l'eau bouillante. Retirer du feu au premier retour d'ébullition. Sortir les langoustines avec une écumoire. Réserver le court-bouillon.
- Décortiquer les langoustines, les réserver dans un bol. Choisir quatre belles têtes avec pinces, les réserver pour la décoration. Jeter le reste des têtes dans le court-bouillon et remettre à bouillir 10 à 15 min. Recueillir le court-bouillon dans une jatte et le laisser refroidir. Jeter les têtes.

Préparer la sauce

- Verser la bisque de homard dans une casserole, y mélanger la crème fraîche, le porto, le curry, le Cayenne, sel et poivre. Porter sur feu doux, laisser mijoter 10 min.
- Ajouter les queues de langoustines décortiquées et chauffer encore 2 min en remuant. Réserver au chaud sur une plaque électrique tiède.

Préparer les filets de soles

- Rouler les filets en boucles lâches, en ayant soin de mettre le côté qui portait la peau à l'intérieur pour éviter qu'ils se rétractent à la cuisson. Fermer les boucles avec une mini-brochette en bois. Les placer debout dans une casserole pas trop large et légèrement beurrée. Les recouvrir de court-bouillon froid et porter sur feu moyen. Laisser chauffer en surveillant. Retirer du feu au premier frémissement, laisser reposer 3 min. Les sortir délicatement du court-bouillon et les garder au chaud dans une assiette posée sur la casserole. Les couvrir.

Préparer les croûtons

- Faire chauffer le beurre et l'huile dans une poêle sur feu vif. Lorsque le mélange est brûlant et commence légèrement à se colorer, y frire rapidement les tranches de pain de mie.

Dresser

- Poser les croûtons sur des assiettes chaudes. Dresser les boucles de sole debout sur les croûtons. Incorporer le jaune d'œuf dans la sauce aux langoustines et réchauffer rapidement le tout en remuant. Verser cette sauce au centre des filets de sole en la faisant déborder. Décorer chaque assiette d'une tête de langoustine aux pattes croisées et d'un brin de persil.

- On peut remplacer les langoustines par des crevettes décortiquées ou une queue de langouste coupée en lamelles.

Rouleaux d'Ouessant

POUR 6 PERSONNES
Préparation : 30 min
Réfrigération : 1 h et 20 min
6 tranches de saumon fumé
200 g de filet de truite saumonée
2 cuillerées à soupe de jus de citron
1/2 cuillerée à café de gin
1 petite échalote très finement hachée
10 cl de crème fraîche liquide très froide
sel, poivre

Sauce
1 petit bouquet d'aneth ou de fenouil frais
1 cuillerée à soupe de persil haché
10 cl de crème fraîche
sel, poivre

Préparer les poissons

- Couper le filet de poisson cru en tout petits morceaux et le faire macérer dans le jus de citron pendant 10 min. Puis l'égoutter dans un tamis, le saupoudrer d'une cuillerée à soupe de sel et laisser reposer 15 min.
- Ensuite, le rincer rapidement sous l'eau courante et l'essuyer dans du papier absorbant.
- Fouetter la crème fraîche en Chantilly ferme avec le gin, sel et poivre.
- Y mélanger les petits cubes de poisson et l'échalote. Réserver une heure dans le réfrigérateur.

Préparer la sauce

- Réserver six brins d'aneth ou de fenouil pour la décoration. Mixer le reste avec le persil haché. Ajouter la crème fraîche, mixer quelques tours pour mélanger.
- Verser cette sauce dans une petite casserole. Saler, poivrer et faire chauffer 3 min sur feu doux.
- La filtrer dans un tamis fin au-dessus d'un bol en appuyant sur les résidus avec le dos d'une cuillère pour en extraire le maximum de jus et donner à la sauce une jolie coloration verte.
- Laisser refroidir puis en napper le fond de six assiettes à dessert.

Préparer les rouleaux

- Déposer au centre de chaque tranche de saumon fumé une cuillerée de poisson cru à la crème. Former des rouleaux et les poser dans les assiettes. Décorer de petits brins d'aneth ou de fenouil.
- Réfrigérer encore 20 min avant de servir.
- Accompagner de pain grillé chaud.

Fondue de poireaux et noix de Saint-Jacques

POUR 6 PERSONNES
Préparation : 30 min

1 kg de noix de coquilles Saint-Jacques fraîches ou surgelées
3 gros poireaux
100 g de beurre
1 verre moyen (15 cl) de pineau des Charentes blanc
3 grosses cuillerées à soupe de crème fraîche épaisse
sel, poivre

- Éplucher les poireaux, jeter le vert. Couper le blanc en rondelles très fines, les laver, les essorer (à l'essoreuse à salade).
- Escaloper les noix de Saint-Jacques en deux dans l'épaisseur.
- Faire fondre les poireaux dans une sauteuse sur feu doux avec 50 g de beurre 4 à 5 min en remuant fréquemment. Saler, poivrer.
- D'autre part, chauffer le reste de beurre dans une poêle sur feu vif et y faire revenir les noix de Saint-Jacques 2 à 3 min en remuant. Saler, poivrer, arroser de pineau, remuer 1 min. Retirer les Saint-Jacques avec une écumoire, les déposer sur les poireaux. Tenir au chaud.
- Faire réduire le jus de la poêle à environ un verre moyen. Y incorporer la crème fraîche, laisser réduire encore 2 min. Goûter, rectifier l'assaisonnement. Verser dans la sauteuse et mélanger le tout.

Poêlée de Saint-Jacques en nage de muscadet

POUR 6 PERSONNES
Préparation : 30 min

500 g de noix de coquilles Saint-Jacques escalopées
3 échalotes finement hachées
2 blancs de poireaux avec un peu de vert taillés en fines lamelles
3 carottes moyennes coupées en tout petits cubes
6 petits champignons bien blancs et fermés
1 verre moyen (15 cl) de muscadet sur lie
3 grosses cuillerées à soupe de crème fraîche
100 g de beurre
1 petit bouquet de cerfeuil ciselé
1 salade verte (feuilles de chêne ou laitue) assaisonnée
sel, poivre

Préparer la nage de petits légumes

- Blanchir les carottes 5 min dans de l'eau bouillante salée. Les égoutter.
- Dans une sauteuse, faire fondre les échalotes avec une noix de beurre sur feu doux 1 à 2 min. Puis ajouter les poireaux, les carottes et les champignons finement émincés. Saler, poivrer, faire cuire doucement 5 min en remuant.
- Ajouter le muscadet, augmenter le feu et faire réduire le jus de moitié. Incorporer la crème fraîche, amener à ébullition ; retirer du feu et réserver.

Au moment de servir

- Chauffer une noix de beurre dans une poêle sur feu vif et lorsqu'il cesse de mousser y jeter les noix de Saint-Jacques. Remuer 2 min, saler, poivrer, retirer du feu.
- Réchauffer d'autre part la nage de petits légumes.
- Garnir les assiettes d'un petit lit de salade. Verser au centre la nage de légumes et recouvrir de noix de Saint-Jacques poêlées.
- Saupoudrer de cerfeuil et servir de suite.

Saint-Jacques à la cornouaillaise

POUR 4 PERSONNES
Préparation : 1 h
Cuisson : 20 min

1,2 kg de coquilles Saint-Jacques fraîches avec corail
4 échalotes moyennes
120 g de beurre demi-sel
1 grosse cuillerée à soupe de persil haché
1 pointe de couteau de fenouil en poudre
2 tranches de pain de mie
3 cuillerées à soupe de vin blanc, muscadet ou gros-plant
2 grosses cuillerées à soupe de chapelure
sel, poivre

Préparer les coquilles

- Ouvrir les coquilles Saint-Jacques à cru. Jeter la coquille plate, réserver la creuse.
- Laver soigneusement les barbes et les mixer en purée avec la moitié des coraux.
- Choisir quatre ou huit coquilles creuses (selon leur taille, on en servira une ou deux par personne).
- Réserver quatre ou huit coraux pour la décoration finale. Couper le reste en petits morceaux dans une jatte et les mélanger avec les noix coupées en quatre.

Préparer la garniture

- Hacher finement les échalotes et les faire fondre avec environ 80 g de beurre demi-sel dans une casserole sur feu doux pendant 5 min en remuant. Ajouter la purée de barbes et le corail, le sel, le poivre et le fenouil. Laisser mijoter encore 5 min.
- Extraire la mie des deux tranches de pain, la mouiller avec le vin blanc. L'ajouter dans la casserole ainsi que le persil haché. Tourner encore 1 min sur le feu, puis mélanger dans la jatte de noix et coraux.
- Préchauffer le four à 200 °C (th. 6). Remplir quatre ou huit coquilles creuses avec la préparation précédente. Les saupoudrer de chapelure, poser sur chacune un corail et un flocon de beurre. Faire cuire 20 min dans le four.

Saint-Jacques à la mode de Palais

POUR 4 PERSONNES
Préparation : 20 min
Cuisson : 15 min
3 à 4 coquilles Saint-Jacques par personne (avec corail)
1/2 cuillerée à café d'ail rose écrasé
2 échalotes finement hachées
4 grosses cuillerées à soupe de crème fraîche
125 g de beurre demi-sel
sel, poivre

Préparer les coquilles

- Ouvrir les coquilles Saint-Jacques à cru. Retirer les noix et les laver à grande eau. Les débarrasser de leur barbe et boyau noir. Séparer les noix du corail, escaloper celles-ci, réunir le tout dans une passoire.
- Réserver quatre à huit coquilles creuses.

Préparer la garniture

- Faire fondre une noix (50 g) de beurre dans une grande poêle. Y blondir légèrement les échalotes 2 à 3 min sur feu doux. Ajouter les coquilles Saint-Jacques et l'ail. Faire cuire 2 min en remuant. Saler, poivrer.
- Retirer les Saint-Jacques de la poêle avec une écumoire, les réserver. Verser la crème fraîche dans le jus de la poêle. Faire réduire à consistance onctueuse (environ 6 min). Rajouter une noix de beurre, mélanger, ajouter les Saint-Jacques, retirer du feu.
- Remplir les coquilles creuses avec les Saint-Jacques à la crème. Poser sur chacune un petit flocon de beurre et faire légèrement gratiner 15 min dans le four préchauffé à 200 °C (th. 6).

Salade de Saint-Jacques tièdes à la salicorne

POUR 6 PERSONNES
Préparation : 25 min
Macération : 15 min

18 noix de coquilles Saint-Jacques avec corail
1 bocal de salicorne au vinaigre
3 cuillerées à soupe de calvados ou eau-de-vie de cidre
20 cl de crème fraîche
sel, poivre à steak

Salade

1 batavia
2 échalotes
3 cuillerées à soupe d'huile de noisette
2 cuillerées à soupe de vinaigre de cidre
sel, poivre

Préparer les Saint-Jacques

- Séparer le corail des noix de Saint-Jacques. Réunir tous les coraux dans une casserole, les recouvrir d'eau, ajouter une cuillerée de sel et porter sur le feu jusqu'à début d'ébullition. Les égoutter et les couper en lamelles dans une jatte.
- Ajouter les noix de Saint-Jacques coupées en lamelles dans l'épaisseur. Y mélanger quatre cuillerées à soupe de salicorne au vinaigre et une cuillerée à café de poivre à steak. Laisser macérer 15 min.
- Pendant ce temps, faire réduire de moitié la crème fraîche dans une grande poêle avec le calvados (ou l'eau-de-vie de cidre) et du sel. Lorsqu'elle a pris un aspect onctueux, ajouter les noix et les coraux. Laisser mijoter 2 min sur feu doux en remuant. Retirer du feu.

Préparer la salade

- Hacher finement les échalotes dans une jatte. Les saupoudrer de sel et poivre. Laisser macérer 3 min. Puis ajouter le vinaigre de cidre, remuer, ajouter l'huile de noisette et remuer la salade coupée en petits morceaux.
- Répartir la salade sur les assiettes. Réchauffer les coquilles Saint-Jacques et en verser trois à quatre cuillerées par assiette, sur la salade. Servir aussitôt.

Salade de Saint-Jacques tièdes au raisin

POUR 4 PERSONNES
Préparation : 30 min
12 noix de coquilles Saint-Jacques avec corail
4 grosses cuillerées à soupe de crème fraîche épaisse
2 cuillerées à soupe de pineau des Charentes
1 petite gousse d'ail hachée
1 cuillerée à soupe de basilic haché
1 grosse grappe (350 g) de gros raisin blanc
1/2 tablette de bouillon de volaille
beurre
sel, poivre à steak
Accompagnement
1 salade au choix
1 tomate

- Escaloper les noix de coquilles Saint-Jacques et couper le corail en lamelles. Les mélanger dans un bol avec l'ail et le basilic.
- Peler et épépiner les grains de raisin.
- Faire chauffer une noix (40 g) de beurre dans une poêle sur feu moyen. Y verser les raisins. Faire cuire 1 min en remuant.
- Ajouter les coquilles Saint-Jacques, arroser de pineau des Charentes.
- Remuer 2 min sur le feu puis incorporer la crème fraîche, la demi-tablette de bouillon de volaille émiettée, sel et poivre à steak. Réduire le feu à doux, laisser mijoter 1 à 2 min.
- Garnir les assiettes d'une couronne de salade coupée en petits morceaux. Verser deux à trois cuillerées de Saint-Jacques au raisin au centre. Décorer de petites lamelles de tomate et servir aussitôt.

Salade du pêcheur

POUR 4 PERSONNES
Préparation : 30 min
Cuisson : 30 min
4 petits maquereaux (ou 2 gros)
4 cuillerées à soupe de vinaigre de cidre
1 verre (20 cl) de vin blanc (muscadet)
4 grosses pommes de terre
1/2 céleri-branche
3 échalotes hachées
2 œufs durs
1 cuillerée à café de moutarde
1/2 verre (10 cl) de vinaigre de cidre
6 cuillerées à soupe d'huile
sel, poivre

Préparer les maquereaux

- Étêter les maquereaux. Lever les filets en glissant une lame fine de couteau pointu le long de l'arête dorsale, puis des arêtes ventrales. Poser ces filets dans une grande poêle antiadhésive, peau au-dessus. Les saler, poivrer et les arroser avec les quatre cuillerées de vinaigre de cidre et le vin blanc. Amener à frémissement sur feu moyen. Laisser frémir quelques secondes ; retirer du feu et laisser refroidir.

- D'autre part, faire cuire les pommes de terre en robe des champs (20 min).

Préparer la vinaigrette

- Délayer la moutarde avec le demi-verre de vinaigre de cidre. Ajouter les échalotes puis peu à peu l'huile en remuant vivement. Saler, poivrer, y émincer les tiges et les feuilles tendres du céleri-branche.

Dresser

- Peler les pommes de terre encore très chaudes. Les couper en rondelles dans la salade. Ajouter trois à quatre cuillerées à soupe de jus de cuisson des filets de maquereaux et mélanger le tout.
- Poser les filets de maquereaux sur la salade. Écraser les œufs durs à la fourchette et en saupoudrer le tour du plat. Servir à température ambiante.

Salade de pieds-de-couteau

POUR 4 PERSONNES
Préparation : 30 min
500 g de pieds-de-couteau
100 g de petits lardons demi-sel
1 œuf dur
2 échalotes finement hachées
1 petite gousse d'ail hachée
2 cuillerées à soupe de persil ciselé
3 cuillerées à soupe de vinaigre de cidre
3 cuillerées à soupe d'huile
moutarde
sel, poivre

Préparer les pieds-de-couteau

- Faire ouvrir les pieds-de-couteau dans une marmite sur feu vif en les secouant fréquemment (procéder en deux fois). Les égoutter, les retirer de leurs coquilles, les réserver au chaud avec un peu de leur jus dans une casserole.

Préparer la vinaigrette

- Déposer une petite cuillerée à café de moutarde dans un saladier. La délayer avec le vinaigre en remuant. Ajouter l'huile, les échalotes, l'ail, sel et poivre (attention de ne pas trop saler). Blanchir les lardons 2 min dans une casserole d'eau bouillante. Les égoutter, les mélanger à la vinaigrette.

Au moment de servir

- Réchauffer les pieds-de-couteau, les égoutter, les verser dans le saladier. Écraser l'œuf dur à la fourchette et en saupoudrer la salade de pieds-de-couteau. Parsemer de persil et servir de suite avec du pain de seigle et du beurre.

Sardines en beignets

POUR 4 PERSONNES
Préparation : 20 min
Cuisson : 5 min
2 douzaines de sardines fraîches
125 g de farine
1/2 verre (10 cl) de bière (ou d'eau)
2 blancs d'œufs et 1 œuf entier
2 cuillerées à soupe d'huile
50 cl d'huile pour friture
sel, poivre

Préparer les sardines

- Laver les sardines sous l'eau courante en les écalant si nécessaire avec l'ongle du pouce.
- Ensuite leur couper la tête, ouvrir le ventre, retirer les entrailles et si possible l'arête centrale. Les réserver à plat, au frais, sur papier absorbant.

Préparer les beignets

- Verser la farine dans une jatte. Déposer au centre l'œuf entier, la bière, sel et poivre. Mélanger en commençant par le centre et en incorporant peu à peu la farine. Ajouter l'huile, laisser reposer au frais.
- Faire chauffer l'huile de friture dans une sauteuse large. Fouetter les blancs d'œufs en neige et les incorporer délicatement à la pâte.
- Tremper les sardines une à une dans la pâte et les déposer dans la friture chaude.
- Faire dorer chaque face, égoutter et réserver sur un plat garni de papier absorbant.

- Accompagner des quartiers de citron et de mayonnaise additionnée d'ail écrasée.
- Ces sardines peuvent se servir en entrée ou en plat principal avec dans ce cas un peu de riz ou des pommes de terre vapeur.

Sardines du pacha

POUR 6 PERSONNES
Préparation : 1 h
Marinade : 2 jours
18 à 24 sardines (selon taille) écaillées et vidées
1 citron coupé en rondelles fines
1 citron pressé
30 cl de crème fraîche, 2 yaourts nature
2 oignons émincés en rondelles très fines
2 pommes moyennes coupées en lamelles
1 cuillerée à soupe de coriandre en grains
1 cuillerée à café de poivre à steak
3 feuilles de laurier frais
sel, poivre

Préparer les sardines

- Inciser la peau des sardines le long de l'arête centrale avec une lame bien aiguisée, puis saisir la peau entre le pouce et la lame du couteau (côté dos) et tirer.
- Lever les filets de la même manière. Les mettre à mariner 20 min dans un plat creux, arroser de jus de citron et saupoudrer de sel et d'un peu de poivre.

Préparer la terrine

- Écraser grossièrement les grains de coriandre et les mélanger dans un bol avec le poivre à steak, la crème fraîche, les yaourts et quelques pincées de sel.
- Remplir une terrine de 1 kg en alternant une couche de filets de sardines, une couche de crème, une d'oignons, une de pommes, une de crème et recommencer jusqu'à épuisement. Terminer en recouvrant la terrine de rondelles de citron et d'une dernière couche épaisse de crème.
- Poser sur le dessus les trois feuilles de laurier frais. Fermer la terrine et laisser mariner deux jours dans le réfrigérateur.

- Servir en entrée avec du pain de seigle. Cette terrine se conserve huit jours dans le réfrigérateur.

Sardines de Soizic

POUR 4 PERSONNES
Préparation : 15 min
Macération dans le sel : 1 nuit
12 sardines moyennes très fraîches
4 cuillerées à soupe de gros sel
1/2 verre (10 cl) de vinaigre de cidre
2 à 3 échalotes hachées
1 petit bouquet de ciboulette ciselée
2 cuillerées à soupe d'huile
poivre

- Passer rapidement les sardines sous l'eau courante en les écaillant. Les essuyer et les ranger sur un plat. Les recouvrir de gros sel, laisser macérer au réfrigérateur jusqu'au lendemain.
- Le lendemain, les étêter, les ouvrir en deux, retirer les boyaux et l'arête centrale. Les essuyer à nouveau, puis les étaler dans un plat et les arroser de vinaigre de cidre. Mettre le plat au frais 1 h ou 2.

Au moment de servir

- Poivrer les sardines, les recouvrir du hachis d'échalotes et de ciboulette, couler un filet d'huile. Servir avec du pain de seigle et du beurre demi-sel.

Taboulé aux coques

POUR 6 PERSONNES
Préparation : 25 min
Repos : 2 h
1 kg de coques
250 g de graine de couscous moyen
4 citrons pressés
1/2 verre (10 cl) d'huile
6 oignons blancs à longue tige
ou 4 échalotes
1 petit concombre
3 tomates
3 cuillerées à soupe de persil haché
3 branches de menthe fraîche
sel, poivre

- Faire cuire les coques au naturel et les décoquiller.
- Verser le couscous dans une grande jatte, l'arroser avec le jus de citron. Laisser gonfler 15 min en remuant de temps en temps.
- Couper les oignons blancs en rondelles avec la moitié de la tige (ou émincer les échalotes). Couper le concombre en petits cubes, ainsi que les tomates.
- Hacher les feuilles de menthe, en réserver quelques-unes pour la décoration. Ajouter sel, poivre et huile dans le couscous.
- Mélanger puis ajouter le reste des ingrédients et les coques. Décorer de feuilles de menthe.
- Réfrigérer 2 h.

Soufflé au crabe

POUR 4 PERSONNES
Préparation : 15 min
Cuisson : 40 min

1 crabe cuit de taille moyenne et bien plein
60 g de beurre
60 g de farine (3 grosses cuillerées à soupe)
4 œufs
25 cl de lait
2 cuillerées à soupe de crème fraîche
1 pointe de couteau de curry
1/2 cuillerée à café de sucre
beurre
sel, poivre

Préparer le crabe

- Décortiquer le crabe corps et pattes ainsi que le corail et les parties crémeuses de la carapace. Écraser le tout à la fourchette afin d'obtenir une purée. Y incorporer la crème fraîche.

Préparer la sauce au crabe

- Faire fondre le beurre dans une casserole sur feu doux. Y jeter la farine et la faire cuire 2 à 3 min avec le beurre sans la colorer en remuant. Ajouter petit à petit le lait en remuant vivement jusqu'au début d'ébullition. Saler, poivrer, ajouter le curry et le sucre. Faire épaissir en remuant toujours sur feu doux.
- Incorporer la chair de crabe, retirer du feu. Ajouter un à un le jaune des quatre œufs en travaillant bien le mélange entre chaque.
- Fouetter les blancs d'œufs en neige molle avec une pincée de sel.
- Les mélanger délicatement dans la sauce au crabe.

Cuire le soufflé

- Verser l'appareil à soufflé ainsi obtenu dans un moule en porcelaine de 20 cm de diamètre beurré.
- Faire cuire le soufflé au bain-marie dans le four préchauffé sur 180 °C (th. 6) pendant 40 min jusqu'à ce qu'il soit bien levé et doré.
- Servir immédiatement.
- Ce soufflé peut attendre 30 min dans le réfrigérateur avant d'être enfourné. Compter alors 45 à 50 min de cuisson.

Tartare de thon

POUR 6 PERSONNES
Préparation : 15 min
Macération : 15 min

350 g de thon blanc dit « germon »
1/2 verre (10 cl) de jus de citron
4 grosses cuillerées à soupe de mayonnaise
1 cuillerée à café de moutarde
1 cuillerée à soupe de ketchup
1/2 cuillerée à café de tabasco
1 cuillerée à café de Worcester sauce
1 cuillerée à soupe de câpres
1 oignon haché
1 grosse gousse d'ail hachée
1 cuillerée à café de paprika doux
2 cuillerées à soupe de persil haché
sel, poivre

Décoration

6 feuilles tendres de salade
quelques câpres
1 à 2 tomates fermes
1 gros oignon

- Retirer peau et arêtes du thon. Effeuiller la chair dans une jatte et l'arroser de jus de citron. Laisser macérer 15 min.
- Verser le reste des ingrédients dans le mixeur et le faire tourner quelques secondes pour les mélanger. Ajouter le thon avec son jus de citron et tourner encore 5 à 6 s, juste pour le hacher (ne pas insister sinon le poisson deviendrait gluant).
- Réfrigérer 1 h au minimum.
- Tailler l'oignon en rondelles fines et les défaire en anneaux. Les jeter dans une jatte d'eau très froide. Les laisser 5 min perdre leur âcreté puis les égoutter. Couper les tomates en rondelles.

Dresser

- Poser par assiette une feuille de salade garnie de deux à trois cuillerées à soupe de tartare de thon. Décorer de câpres, de rondelles de tomate et d'oignon. Servir bien frais.

- Le mixeur n'est pas indispensable, on peut également écraser le thon à la fourchette.
- Ce tartare peut s'accompagner de frites ou de taboulé, il sera alors servi en plat principal.

Soupe de Porspoder

POUR 6 PERSONNES
Préparation : 1 h
Cuisson : 1 h

500 g de merlu ou de cabillaud coupé en petits cubes
1 carotte râpée, 1 navet râpé
1 blanc de poireau finement émincé
2 jaunes d'œufs
6 cuillerées à soupe de crème fraîche
3 cuillerées à soupe de cerfeuil finement ciselé
1/2 cuillerée à soupe de sucre
sel, poivre

Bouillon
1 carotte pelée, 1 branche de céleri
1 bouquet garni (thym, laurier, persil)
1 gros oignon épluché
2 gousses d'ail non épluchées
1 kg de parures de poisson (têtes, arêtes, etc.)
150 g de tendron de veau coupé en petits cubes
1 cuillerée à soupe de court-bouillon marin (sel aux algues)
1 verre (20 cl) de vin blanc sec
1 cuillerée à café de poivre en grain

- Mettre tous les ingrédients dans une marmite. Ajouter 2 l d'eau. Amener à ébullition sur feu vif puis réduire le feu et laisser cuire 40 min. Ensuite, filtrer le bouillon et le remettre à bouillir et réduire à 1,5 l environ.
- Jeter carotte et navet râpés dans le bouillon. Laisser cuire 2 min, ajouter le poireau émincé et le poisson en petits cubes. Laisser frémir 5 min.
- Goûter et rectifier l'assaisonnement. Battre, avec une fourchette, les jaunes d'œufs avec la crème fraîche dans une soupière. Ajouter le sucre et le cerfeuil. Verser lentement la soupe sur ce mélange en remuant et servir.
- On peut accompagner cette soupe de petits croûtons de pain frits au beurre.

Salade de moules « Sept Îles »

POUR 4 PERSONNES
Préparation : 30 min
1,5 kg de moules
2 oranges
2 pamplemousses roses
1 salade (feuille de chêne, batavia, etc.)
2 échalotes finement hachées
3 cuillerées à soupe de ciboulette ciselée
le jus de 1 citron
4 cuillerées à soupe d'huile d'olive
sel, poivre

- Laver et gratter les moules. Les faire cuire dans une grande casserole couverte en les secouant fréquemment. Dès qu'elles s'ouvrent et se détachent facilement des coquilles, les égoutter et les décoquiller.
- Préparer une vinaigrette avec le jus de citron, l'huile d'olive, échalotes hachées, ciboulette, sel et poivre. En arroser les moules encore chaudes.
- Peler oranges et pamplemousses : les défaire en tranches. Retirer délicatement la peau des tranches.
- Dresser un lit de salade coupée en lanières sur chaque assiette. Verser au centre trois cuillerées de salade de moules et l'entourer de tranches d'orange et de pamplemousse.

Terrine d'Horbalan

POUR 6 PERSONNES
Préparation : 30 min
Repos : 1 h
Cuisson : 45 min
500 g de pétoncles surgelés
500 g de purée de brocolis surgelée
1 petite botte de ciboulette hachée
75 g de farine
75 g de beurre demi-sel
1 verre (15 à 20 cl) de lait
2 cuillerées à soupe d'armagnac
4 grosses cuillerées à soupe de crème fraîche épaisse
50 g de semoule de blé fine
5 œufs
2 pincées de noix muscade râpée
sel, poivre, sucre
beurre

Crème fraîche citronnée
20 cl de crème fraîche tiédie
2 cuillerées à soupe de jus de citron
sel, poivre

- Mettre les pétoncles à décongeler dans un tamis au-dessus d'un bol pour en recueillir le jus, 1 à 2 h à l'avance.

Préparer une béchamel épaisse

- Faire fondre les 75 g de beurre dans une casserole sur feu doux. Y jeter la farine. Mélanger 3 min pour cuire celle-ci, puis retirer du feu et laisser tiédir.
- Chauffer légèrement le lait. Le verser sur le mélange beurre et farine en tournant vivement. Faire épaissir sur feu moyen en tournant. Ajouter le jus rendu par les pétoncles, deux cuillerées à soupe de crème fraîche, l'armagnac, sel, poivre et une demi-cuillerée à café de sucre. Épaissir à nouveau sur le feu. Retirer du feu, incorporer deux jaunes d'œufs un à un en mélangeant bien entre chaque. Laisser refroidir à température ambiante.

Préparer la purée de brocolis

- Verser la purée de brocolis (décongelée) dans le bol du mixeur. Ajouter trois œufs, la semoule, la ciboulette, deux cuillerées à soupe de crème fraîche, deux pincées de muscade râpée sel et poivre. Mixer 3 min en mélange homogène, puis verser cette purée dans une jatte et la laisser reposer 1 h dans le réfrigérateur.

Préparer la terrine

- Préchauffer le four à 200 °C (th. 6).
- Tapisser un moule à cake beurré de 26 cm x 12 cm avec un film de cuisson débordant largement (ou beurrer largement le moule). Étaler sur le fond une première couche de purée de brocolis (3 cm). Recouvrir de la moitié de la béchamel, y enfouir la moitié des pétoncles. Recommencer en terminant par une dernière couche de purée de brocolis.

- Parsemer le dessus de quelques petits flocons de beurre et fermer le film de cuisson. Poser la terrine dans un bain-marie et la faire cuire 45 min dans le four, ou jusqu'à ce que le centre soit ferme sous la pression du doigt.
- Laisser tiédir dans la terrine avant de démouler.
- Servir cette terrine d'Horbalan tiède (la réchauffer légèrement si on l'a préparée à l'avance). La couper en tranches de 1,50 cm ; poser deux tranches par assiette et accompagner de crème fraîche citronnée.

Tourte aux épinards et coquilles Saint-Jacques

POUR 6 PERSONNES
Préparation : 30 min
Cuisson : 40 min
500 g de noix de coquilles Saint-Jacques avec corail (fraîches ou surgelées)
1 pâte à tarte feuilletée ou brisée
1 oignon finement émincé
250 g de purée d'épinards surgelée
2 cuillerées à soupe d'oseille hachée
2 cuillerées à soupe d'estragon haché
3 cuillerées à soupe de Cognac
4 grosses cuillerées à soupe de crème fraîche épaisse
2 jaunes d'œufs
75 g de beurre
sel, poivre

Préparer les épinards

- Faire fondre 25 g de beurre dans une casserole et y blondir l'oignon 5 min sur feu doux. Ajouter la purée d'épinards et l'oseille. Laisser fondre le tout, mélanger et incorporer deux cuillerées à soupe de crème fraîche. Saler, poivrer, laisser tiédir.
- Garnir un moule à tarte avec la pâte choisie. Recouvrir d'épinards.
- Parsemer quelques petits flocons de beurre, puis faire cuire 25 min dans le four préchauffé à 220 °C (th. 7).

Préparer les noix de Saint-Jacques

- Pendant ce temps, escaloper les noix de Saint-Jacques en deux, laisser le corail entier. Chauffer 50 g de beurre dans une poêle, y saisir 2 min les Saint-Jacques en remuant sur feu vif. Saler, poivrer, arroser de cognac et flamber. Les égoutter au-dessus d'un bol pour recueillir le jus.

Cuire la tourte

- Mélanger au jus obtenu les jaunes d'œufs, l'estragon haché et deux grosses cuillerées à soupe de crème fraîche.
- Sortir la tourte du four. Étaler les Saint-Jacques sur les épinards et recouvrir avec le contenu du bol. Faire cuire encore 10 à 15 min.
- Servir chaud, mais non brûlant, en entrée.

DOUBLE
LITRE

Plats

POISSONS

Ailerons de raie à la crème de persil

POUR 4 PERSONNES
Préparation : 45 min
Cuisson : 45 min
4 ailerons de raie
4 cuillerées à soupe de court-bouillon marin (sel aux algues)
1 botte de persil plat
2 petites échalotes
30 cl de crème fraîche liquide
sel, poivre
beurre
vinaigre

Préparer la crème de persil

- Équeuter le persil et le hacher finement avec les échalotes. Le verser dans une casserole. Ajouter la crème fraîche et faire mijoter 30 min.
- Passer cette crème dans un tamis en pressant avec le dos d'une cuillère pour en extraire le maximum de suc. Saler, poivrer, ajouter une petite noix (40 g) de beurre, maintenir au chaud.

Préparer les ailerons de raie

- Les mettre dans une sauteuse. Les recouvrir d'eau. Ajouter le court-bouillon marin et quatre cuillerées à soupe de vinaigre. Amener à frémissement. Laisser frémir 5 à 10 min. Les retirer à l'écumoire.
- Servir sur assiette, accompagnés de crème de persil et pommes de terre vapeur.

Bar grillé au fenouil

POUR 6 PERSONNES
Préparation : 10 min
Cuisson : 20 min
1 bar de 1,2 kg vidé mais non écaillé
4 grosses cuillerées à soupe de mayonnaise
4 cuillerées à soupe de Pernod ou Ricard
1 gros bulbe de fenouil
1 yaourt nature
2 oignons nouveaux finement émincés
1/2 citron pressé
sel, poivre

Préparer le fenouil

- Retirer la verdure du bout des feuilles et la réserver. Éplucher le bulbe puis le couper en lamelles dans une passoire. Le saupoudrer copieusement de sel.
- Laisser macérer 10 min avant de le rincer sous l'eau courante et l'égoutter.
- Délayer dans un saladier la mayonnaise avec le jus de citron. Ajouter le yaourt, du poivre et les oignons. Y mélanger le fenouil.

Préparer le bar

- Couler deux cuillerées de Pernod ou Ricard à l'intérieur et faire rouler le poisson pour bien répartir l'alcool. Saler, poivrer l'intérieur et fourrer de la verdure du fenouil.
- Poser le bar sur le gril. Faire griller 10 min de chaque côté.
- Pour servir, retirer ensemble peau et écailles et lever les filets. Servir accompagné de la salade de fenouil et de riz.

Petits bars à la royale, sauce du chef

POUR 4 PERSONNES
Préparation : 10 min
Cuisson : 15 min
4 petits bars portion
sel, poivre

Sauce du chef
1 citron pressé
1 brique de 20 cl de crème fraîche
1 bon morceau de beurre demi-sel
sel, poivre

Préparer le poisson

- Vider les poissons, ne pas les écailler. Les rincer à l'eau de mer. Si vous trouvez du fenouil sauvage, en mettre une petite branche à l'intérieur de chaque poisson. Les saler, poivrer.
- Enfermer chaque bar dans une papillote de papier d'aluminium fermée sur le dessus, mais en laissant un grand espace au-dessus du poisson pour qu'il cuise dans sa propre vapeur. Les poser côte à côte dans une marmite et verser de l'eau de mer sans les noyer (à mi-hauteur).
- Porter sur feu moyen et compter 15 min après le premier frémissement. Les retirer immédiatement.
- Pour les déguster : ouvrir la papillote, retirer la peau et les écailles du bar d'un seul coup en l'incisant d'abord le long de l'arête dorsale. Puis lever les filets et les déposer dans l'assiette. Les arroser de sauce, les accompagner de pommes de terre vapeur ou de riz.

Préparer la sauce du chef

- Verser le jus de citron dans une poêle et le faire réduire à glace (presque totalement) sur feu moyen. Y verser la crème fraîche, saler, poivrer. Remuer jusqu'à début d'ébullition. Retirer du feu et y incorporer le beurre coupé en petits morceaux sans trop remuer. Verser dans un bol et servir tiède.

Barbue de Port-Navalo

POUR 4 PERSONNES
Préparation : 15 min
Cuisson : 25 min

1 barbue de 900 g à 1 kg nettoyée et si possible, peau noire retirée
250 g de champignons émincés (surgelés)
4 échalotes hachées
4 cuillerées à soupe de persil haché
1 grand verre de bon vin blanc, muscadet sur lie ou gros-plant
1/2 verre (10 cl) de crème fraîche liquide
2 cuillerées à soupe de fumet de poisson déshydraté
100 g de beurre demi-sel
4 grosses cuillerées à soupe de chapelure
sel, poivre

- Mélanger persil, échalotes et champignons. En répandre la moitié dans un grand plat à four.
- Y coucher la barbue et recouvrir du reste de légumes.
- Arroser de vin blanc et crème fraîche.
- Saupoudrer de sel, poivre et fumet de poisson déshydraté.
- Recouvrir de chapelure et de petits morceaux de beurre.
- Faire cuire 25 min dans le four préchauffé à 210 °C (th. 7). Le dessus doit être gratiné et une lame fine pénétrer facilement à travers le poisson.
- Accompagner de pâtes fraîches.

Brochettes de bar

POUR 4 PERSONNES
Préparation : 15 min
Macération : 15 min
Cuisson : 10 min

800 g de bar coupé en douze cubes
3 cuillerées à soupe de court-bouillon marin (sel aux algues)
3 cuillerées à soupe d'huile
1 bonne pincée de poivre
16 lardons demi-sel
4 brochettes longues

- Mélanger le court-bouillon marin avec l'huile dans une jatte. Y mettre les cubes de poisson à macérer 15 min.
- Blanchir les lardons 5 min dans une casserole d'eau bouillante. Les égoutter.
- Enfiler par brochette quatre lardons et trois cubes de bar en alternance. Poivrer.
- Faire griller les brochettes sur la braise 5 min de chaque côté (ou sous le gril).
- Servir avec des pommes de terre nouvelles cuites dans la cendre (ou en papillote dans le four) et une jatte de beurre demi-sel juste fondu.

À Molène, les brochettes se font avec toutes sortes de poissons et notamment du congre. Elles se grillent sur un petit feu d'algues sèches.

Brochettes de moules

POUR 4 PERSONNES
Préparation : 30 min
Cuisson : 30 min
1,5 kg de moules nettoyées
24 petits champignons cuits
24 petits lardons fumés
6 feuilles de laurier frais
12 brochettes moyennes en bois

Sauce
75 g de beurre demi-sel
4 échalotes hachées
2 gousses d'ail hachées
2 grosses cuillerées à soupe de persil haché
1 petite cuillerée à café de curry
1 verre moyen (15 cl) de muscadet ou gros-plant
2 cuillerées à soupe de mie de pain émiettée
poivre

- Faire cuire les moules au naturel. Les décoquiller et les réserver avec un verre de leur jus de cuisson.

Préparer les brochettes

- Enfiler par brochette : 1/2 feuille de laurier, 1 champignon, 1 lardon, 5 à 7 moules selon grosseur, 1 lardon, 1 champignon, 1/2 feuille de laurier.

Préparer la sauce

- Fondre le beurre avec les échalotes, l'ail et le persil dans une casserole sur feu doux. Faire blondir 3 min en remuant. Ajouter curry, poivre et mie de pain. Mélanger 1 min puis verser le vin blanc et le jus des moules. Laisser cuire et réduire 15 min

Servir

- Préchauffer le four sur gril. Faire griller les brochettes à 7 cm du gril, 5 min de chaque côté. Les servir arrosées de sauce, à raison de trois brochettes par personne. Peuvent s'accompagner de riz.

Brochettes de joues de lotte

POUR 6 PERSONNES
Préparation : 15 min
Cuisson : environ 14 min

18 petites joues de lotte (ou 9 grosses coupées en deux)
1 petit chorizo pimenté
6 feuilles de laurier frais coupées en deux
2 poivrons verts, 3 oignons
3 cuillerées à soupe d'huile aux piments et à l'ail

- Nettoyer les joues en retirant la peau grise et gélatineuse qui les recouvre. Puis les mettre dans un bol, les arroser d'huile aux piments, les laisser macérer le temps de la préparation.
- Peler les oignons, les couper en quatre, les défaire en morceaux.
- Couper chaque poivron en six, et le chorizo en vingt-quatre rondelles de 5 mm.
- Enfiler par brochette : 1/2 feuille de laurier, 1 morceau d'oignon, 1 rondelle de chorizo, 1 joue de lotte, 1 morceau d'oignon, 1 morceau de poivron.
- Recommencer et terminer par une demi-feuille de laurier. Les saler, poivrer et les faire griller 7 min de chaque côté.
- Servir avec une sauce remoulade.

Brochettes de coquilles Saint-Jacques

POUR 6 PERSONNES
Préparation : 30 min
Cuisson : 10 à 15 min
18 noix de coquilles Saint-Jacques fraîches ou surgelées
18 champignons de Paris cuits
6 feuilles de laurier frais
beurre
6 tranches fines de poitrine fumée
18 rondelles fines de citron
1 cuillerée à café de thym émietté
6 brochettes longues
huile d'olive
vinaigre
sel, poivre

- Couper les tranches de poitrine fumée en trois ainsi que les feuilles de laurier.

Préparer les brochettes

- Enfiler par brochette : 1 rondelle de citron, 1/3 de feuille de laurier, 1 champignon, 1/3 de tranche de poitrine fumée, 1 noix de coquille Saint-Jacques, recommencer deux fois.
- Badigeonner les brochettes avec un peu d'huile d'olive, puis les saupoudrer de thym, sel et poivre. Les poser à cheval sur un plat à four et les placer 5 à 7 min de chaque côté sous le gril du four (elles peuvent se griller également sur un barbecue).
- Lorsqu'elles sont dorées, les servir telles quelles ou nappées de crème fraîche tiède additionnée de ciboulette, sel et poivre.

Civet de thon

POUR 4 PERSONNES
Préparation : 15 min la veille,
20 min le jour même
Cuisson : 35 min

Marinade
800 g de thon en deux tranches épaisses
1 bouteille (75 cl) de bon vin rouge (un petit bordeaux)
1 oignon non épluché et piqué de 2 clous de girofle
12 petites échalotes pelées
3 belles carottes de sable coupées en tronçons
2 grosses gousses d'ail épluchées
1 bouquet garni (thym, laurier, persil, cerfeuil)
1/2 verre (10 cl) de vinaigre de cidre
1/4 de verre (5 cl) d'eau-de-vie de cidre

Cuisson
1 grosse noix (50 g) de beurre demi-sel
150 g de lardons demi-sel
12 à 16 pruneaux
2 cuillerées à café d'arôme Patrelle ou de Viandox
1 cuillerée à soupe bombée de farine
sel, poivre

La veille

- Mettre le thon dans une boîte hermétique avec tous les ingrédients de la marinade. Laisser une nuit au frais.

Le jour même

- Égoutter le tout au-dessus d'une jatte. Séparer le poisson des légumes.
- Faire chauffer le beurre dans une cocotte, y dorer les lardons 5 min. Ajouter les échalotes et les carottes, dorer encore le tout 8 à 10 min.
- Saupoudrer de farine et la roussir. Puis mouiller avec la marinade recueillie en remuant bien à la cuillère de bois. Ajouter les légumes restants (bouquet garni, oignon piqué, ail), les pruneaux et l'arôme Patrelle. Saler, poivrer, amener à ébullition en remuant. Enfouir les deux tranches de thon dans cette sauce à bien les recouvrir. Laisser mijoter 35 min.
- Servir avec des pommes de terre vapeur.

Cotriade grésillonne

POUR 4 PERSONNES
Préparation : 5 min la veille,
20 min le jour même
Cuisson : 20 min

1 kg de merlu (ou autre : lieu jaune, grondin, etc.) en un seul morceau
8 grosses pommes de terre, coupées en quatre
2 gros oignons émincés
1 cuillerée à café d'ail haché
1 bouquet garni (thym, laurier, persil)
1 petite branche de criste-marine (ou casse-pierre)
1 grosse noix (50 g) de beurre ou de graisse salée
gros sel, poivre

La veille

- Poser le poisson dans un plat et le recouvrir de gros sel.

Le jour même

- Rincer le poisson.
- Chauffer beurre ou graisse salée dans une marmite sur feu moyen et y fondre les oignons sans les colorer, jusqu'à ce qu'ils soient translucides. Ajouter l'ail, le bouquet garni et la criste-marine. Recouvrir avec 2 l d'eau et faire bouillir 10 min. Puis ajouter les pommes de terre et poser le poisson dessus. Bien poivrer, faire cuire 20 min.

Servir

- Retirer le poisson avec une écumoire, le poser sur un plat, l'entourer des pommes de terre et accompagner d'une vinaigrette.

Empereur des mers

POUR 4 PERSONNES
Préparation : 20 min
Cuisson : 10 min
4 filets d'empereur
8 grosses noix de coquilles Saint-Jacques avec corail
1/2 verre (10 cl) de vermouth (ou de pineau)
20 cl de crème fraîche liquide
1 pincée de curry
sel, poivre
beurre

Préparer la sauce

- Verser le vermouth dans une poêle et le faire réduire à une cuillerée à soupe sur feu doux. Ajouter la crème fraîche, le curry, sel et poivre. Faire réduire encore jusqu'à consistance onctueuse nappant la cuillère. Verser dans une petite casserole (plus facile pour réchauffer) et réserver.

Préparer le poisson

- Beurrer un plat à four et y coucher les filets d'empereur sans qu'ils se chevauchent, saler, poivrer. Puis recouvrir chaque filet de deux noix de Saint-Jacques finement escalopées et de corail taillé en languettes.

- Parsemer de petits flocons de beurre. Faire cuire 10 min dans le four préchauffé sur 210 °C (th. 7). Retirer du four et transférer sur assiette à l'aide d'une spatule plate.
- Napper de sauce chaude. Garnir de pâtes fraîches cuites al dente.
- Pour obtenir des pâtes cuites à point : les cuire une première fois 6 min, les égoutter, les rafraîchir sous l'eau froide et juste avant de les servir, les jeter 2 min dans une casserole d'eau bouillante salée.

Filets de grenadier aux krampouz

POUR 6 PERSONNES
Préparation : 20 min
Cuisson : 20 min

800 g de filets de grenadier coupés en 6 portions
3 cuillerées à soupe de farine
6 crêpes de blé noir
150 g de beurre demi-sel
2 cuillerées à soupe d'huile
sel, poivre

- Fariner les morceaux de poisson et les secouer pour en rejeter l'excédent.
- Faire chauffer une noix (40 g) de beurre et une cuillerée à soupe d'huile dans une poêle sur feu vif. Lorsque le beurre est brûlant et cesse de mousser, y frire le poisson (trois portions à la fois) 2 min de chaque côté. Les installer sur un plat tenu au chaud et rajouter un peu de beurre et d'huile dans la poêle pour frire les trois autres portions.
- Couper les crêpes de blé noir en lanières (comme des nouilles). Faire chauffer le reste de beurre dans une poêle et y dorer les crêpes en remuant sur feu vif. En entourer les filets de grenadier et servir.

Gratin de sole des petits moines

POUR 4 PERSONNES
Préparation : 10 min
Cuisson : 30 min
1 belle sole de 1 kg à 1,2 kg
1 hachis d'herbes composé de 8 brins de persil plat, 1 petite branchette d'estragon, 4 petites échalotes
125 g de champignons
125 g de petits lardons demi-sel
4 cuillerées à soupe de chapelure
1 verre moyen (15 cl) de vin blanc (muscadet)
2 cuillerées à soupe d'eau-de-vie de cidre
20 cl de crème fraîche liquide
sel, poivre

- Répandre la moitié du hachis d'herbes dans le fond d'un grand plat à four en terre.
- Ajouter la moitié des lardons, y coucher la sole. La recouvrir du reste des lardons et de hachis d'herbes.
- Mouiller avec le vin blanc et l'eau-de-vie de cidre. Saler, poivrer, saupoudrer de chapelure.
- Faire cuire 30 min dans le four préchauffé à 200 °C (th. 6) en arrosant de crème fraîche à mi-cuisson. Terminer en faisant gratiner 2 à 3 min sous le gril.

Maquereaux aux groseilles

POUR 6 PERSONNES
Préparation : 10 min
Cuisson : 10 à 15 min
12 petits maquereaux
100 g de petits lardons fumés
4 oignons blancs à tige
200 g de groseilles à maquereau
1 tomate taillée en petits cubes
sel, poivre
huile

- Vider les maquereaux, laver l'intérieur sous l'eau courante, les essuyer.
- Faire chauffer quatre cuillerées à soupe d'huile dans une grande poêle sur feu moyen et y dorer les lardons 2 min.
- Ajouter les oignons émincés avec un peu de leurs tiges, les blondir 5 min en remuant.
- Augmenter le feu à vif, ajouter les maquereaux et les groseilles.
- Laisser cuire 5 min en secouant la poêle puis retourner les maquereaux.
- Saler, poivrer, parsemer de petits cubes de tomate et cuire encore 5 min.
- Servir avec des pommes de terre nouvelles en robe des champs.

Filets de saint-pierre aux cèpes

POUR 4 PERSONNES
Préparation : 30 min
Cuisson : 15 min
4 beaux filets de saint-pierre (frais ou surgelés)
500 g de cèpes frais (ou autres champignons de forêt)
150 g de poitrine demi-sel taillée en petits lardons
2 oignons
1 gousse d'ail
2 cuillerées à soupe de persil haché
1/2 verre (10 cl) de vin blanc (muscadet ou gros-plant)
2 cuillerées à soupe de crème fraîche épaisse
1 noix (50 g) de beurre demi-sel
2 cuillerées à soupe d'huile d'olive
sel, poivre
farine

Préparer les cèpes

- Nettoyer les cèpes et les couper en lamelles.
- Faire chauffer une cuillerée à soupe d'huile d'olive dans une poêle sur feu vif, y jeter les cèpes, les laisser suer 10 min sur feu moyen puis les égoutter.
- Blanchir les lardons 1 min dans une petite casserole d'eau bouillante. Les égoutter.
- Hacher oignons et ail.
- Chauffer à nouveau une cuillerée à soupe d'huile d'olive dans la poêle et y dorer les lardons 5 min sur feu moyen. Ajouter le hachis d'oignons et d'ail et le persil. Remuer 3 min, ajouter les cèpes. Faire dorer le tout 15 min en remuant de temps en temps.
- Ensuite mouiller avec le vin blanc, ajouter la crème fraîche, saler, poivrer et cuire encore 5 min. Retirer du feu et réserver.

Préparer le poisson

- Fariner légèrement les filets de saint-pierre. Chauffer le beurre dans une poêle sur feu vif et lorsqu'il est brûlant, y frire rapidement les filets 1 min de chaque côté. Les saler, les poivrer, puis les disposer dans un plat à four pouvant venir à table. Les entourer avec les cèpes et terminer leur cuisson 15 min dans le four préchauffé à 200 °C (th. 6).
- Accompagner de pâtes fraîches ou d'une purée.

Homards à l'armoricaine

POUR 4 PERSONNES
Préparation : 45 min
Cuisson : 20 min

2 homards (de 750 à 800 g) vivants
2 échalotes hachées
1 grosse gousse d'ail écrasée
3 tomates pelées et épépinées (ou 1/2 boîte de tomates pelées)
1 petit bouquet garni (thym, laurier, persil)
1 branche d'estragon
1 pincée d'algues rouges séchées (en sachet) « porphyra »
1 morceau de cèpe séché (en sachet)
1/2 bouteille (35 cl) de muscadet sur lie
2 cuillerées à soupe de cognac
1/2 cuillerée à café de curry
1/3 de cuillerée à café de piment de Cayenne
1/2 cuillerée à café de sucre
1/2 verre (10 cl) d'huile d'olive
sel, poivre

Couper les homards

- Allonger la bête sur le plan de travail et la maintenir de la main gauche, les pinces tournées vers la droite. Avec un couteau à lame courte et solide, fendre le coffre en son milieu de gauche à droite. Puis fendre la queue en plaçant la bête dans le sens opposé. Retirer l'intestin qui apparaît sous forme de boyau gris dans les chairs rosées de la queue. Le jeter, ainsi que la poche à graviers qui se trouve dans le coffre.
- Par contre, réserver dans un bol la matière crémeuse verdâtre et le liquide que contient le coffre. Couper les pattes au ras du coffre et briser les grosses pinces avec le manche du couteau. Tronçonner les demi-queues en deux en suivant les jointures des anneaux.

Cuire les homards

- Verser l'huile d'olive dans une sauteuse, la faire chauffer sur feu vif et lorsqu'elle est presque fumante, y jeter les morceaux de homard. Remuer à la spatule pour bien saisir les chairs et rougir la carapace. Arroser de cognac, faire flamber.
- Réduire le feu à moyen, ajouter les échalotes et l'ail, remuer quelques secondes ; puis ajouter les tomates coupées en morceaux, le cèpe séché émietté, la pincée d'algues « porphyra », le sucre, le bouquet garni, l'estragon, le curry, le piment de Cayenne, sel et poivre.
- Laisser mijoter 5 min en remuant pour que le homard s'imprègne de ces épices. Ensuite mouiller avec le vin blanc, couvrir et laisser cuire 20 min.
- Au bout de ce temps, retirer les morceaux de homard de la sauteuse et les réserver dans une jatte, couverts d'aluminium ménager afin d'éviter qu'ils ne se dessèchent.
- Verser dans la sauteuse les parties crémeuses et le liquide recueillis dans les coffres.

- Faire réduire la sauce 5 min sur feu vif, puis retirer le bouquet garni et l'estragon. Passer la sauce au mixeur.
- La remettre à chauffer, en ajoutant les morceaux de homard, 10 min sur feu doux.

Servir

- Disposer les morceaux de homard dans un plat creux et les recouvrir de sauce. Accompagner de riz créole. Ne pas oublier les rince-doigts.

- Ce homard à l'armoricaine peut se préparer plusieurs heures à l'avance et se réchauffer au dernier moment.
- Il peut même se congeler.

Homards ou langoustes grillés au curry

POUR 4 PERSONNES
Préparation : 20 min
Cuisson : 20 min
2 homards ou 2 langoustes de 800 g environ
125 g de beurre demi-sel mou
1 bonne cuillerée à café de curry
2 cuillerées à soupe de whisky + 1/2 verre (10 cl) de whisky si on désire les flamber
sel, poivre

- Couper les homards ou les langoustes à cru en deux en laissant les matières crémeuses dans les coffres.
- Poser les demi-bêtes sur un plat à four, chair vers le haut.
- Préchauffer le four sur th. 10 ou maximum.
- Manier le beurre en pommade avec le curry, le whisky, sel et poivre. En tartiner largement les chairs et les coffres.
- Faire cuire et griller environ 20 min en surveillant. Les carapaces doivent être bien rouges et les chairs grillées ; sinon positionner le four sur gril et faire dorer encore 5 min. Servir brûlant.
- On peut, au sortir du four, les flamber : chauffer le whisky dans une petite casserole, en arroser les bêtes et flamber.
- Se sert tel quel ou accompagné de riz pilaf.
- Prévoir un casse-noix pour briser les pinces et les pattes, et des curettes à homard pour en extraire la chair.

Homards grillés « La Godille »

POUR 4 PERSONNES
Préparation : 1 h
Cuisson : 25 min puis 8 min
2 beaux homards bretons de 800 g environ
125 g de beurre demi-sel très frais
3 échalotes grises de préférence
20 cl de crème fraîche épaisse
1/2 verre de vieux porto
1/2 verre (10 cl) de calvados
2 jaunes d'œufs
1 cuillerée à soupe de Worcester sauce
1/2 cuillerée à café de sel
1 bonne pincée de paprika
1 pointe de couteau de curry
poivre du moulin

Préparer les homards

- Fendre les homards à cru en plantant une lame courte et solide au centre du coffre. Puis diriger la lame vers la queue et ouvrir la bête en deux. Recueillir soigneusement le jus qui s'en écoule et le réserver dans un bol.
- Retirer le corail des coffres et l'ajouter au jus.
- Jeter la poche à gravier et l'intestin.
- Faire fondre 80 g de beurre. Placer les demi-homards sur la lèchefrite du four. Poivrer les chairs de quelques tours de moulin et les arroser de beurre fondu.
- Préchauffer le four sur gril et enfourner les homards à mi-hauteur du four. Les laisser griller 20 min en surveillant, puis les retirer du four et les placer sur la table de travail.

Préparer la sauce

- Hacher finement les échalotes, les faire fondre dans un poêlon épais sur feu doux avec le reste du beurre (3 à 5 min). Elles doivent devenir transparentes et légèrement blondes. Mouiller avec le porto.
- Au premier frémissement, y mélanger le corail et le jus en tournant vivement avec un fouet. Cuire en remuant 3 à 4 min (la sauce devient rouge).
- Puis hors du feu, ajouter la crème fraîche et les jaunes d'œufs en fouettant constamment, jusqu'à ce que cette sauce soit onctueuse.
- Ajouter alors le sel, le paprika, le curry, la Worcester sauce et quelques tours de moulin de poivre.
- Reporter quelques secondes sur feu doux pour obtenir en fouettant toujours une onctuosité parfaite.
- La verser dans une jatte ou tremper le poêlon dans l'eau dès cette consistance obtenue.

Cuire les homards

- Briser les pinces des homards avec un casse-noix sans les détacher. Retirer les chairs des carapaces. Placer les carapaces dans un plat à four en porcelaine à feu beurré.
- Garnir de sauce le fond des carapaces, coffre compris. Remettre les chairs et les recouvrir du reste de sauce.
- Glisser le plat dans le four préchauffé à 210 °C (th. 7). Les faire cuire 7 min. Terminer par 1 min encore sous le gril (très près) juste pour dorer la sauce.
- Faire chauffer le calvados dans une petite casserole.
- Porter les homards à table, verser le calvados et flamber.
- Prévoir des rince-doigts et des grandes serviettes.

Kari de poisson des Birvideaux

POUR 4 PERSONNES
Préparation : 15 min
Cuisson : 35 min
2 à 4 maquereaux ou vieilles (selon taille)
4 gros oignons émincés
1 boîte 4/4 de tomates pelées (ou 6 tomates) coupées en petits morceaux
3 cuillerées à soupe d'huile d'olive
1 bonne cuillerée à soupe de curry
1 petite dose de safran
1 pincée de Cayenne
1 cuillerée à café de thym émietté
1 petite branche de fenouil sauvage ou 1 cuillerée à café de fenouil en grains
sel, poivre

- Dans une sauteuse, chauffer l'huile d'olive et y blondir les oignons 3 min en remuant. Ajouter les tomates, le curry, le safran, la pincée de cayenne, le thym et le fenouil (le ciseler s'il est frais). Saler, poivrer, couvrir et laisser mijoter 20 min sur feu doux.
- Coucher les poissons dans cette sauce et cuire encore 10 à 15 min selon la grosseur des poissons. On peut arroser d'un jus de citron juste au moment de servir.
- Accompagner d'un riz pilaf.

Lotte des trois rivières

POUR 6 À 8 PERSONNES
Préparation : 30 min
Réchauffage : 20 min
1,2 kg de filets de lotte coupés en cubes
150 g de beurre demi-sel
3 jaunes d'œufs
6 grosses cuillerées à soupe de crème fraîche épaisse
1/2 verre (10 cl) de porto
1/4 verre (5 cl) d'eau-de-vie de cidre (ou de cognac)
1 grand verre de muscadet sur lie
3 échalotes finement hachées
1 pincée de piment de Cayenne
1 pincée de noix de muscade râpée
1/2 cuillerée à café de cumin en poudre
1/2 cuillerée à café de paprika
1 cuillerée à café de Worcester sauce
farine
huile d'olive
sel, poivre

- Faire chauffer la moitié du beurre dans une sauteuse avec 1 cuillerée à soupe d'huile d'olive.
- Fariner légèrement les morceaux de lotte et les dorer doucement (3 à 4 min) dans le beurre sur feu doux.
- Procéder en plusieurs fois afin qu'ils soient saisis et ne rendent pas trop d'eau. Les retirer au fur et à mesure à l'écumoire, les réserver dans un plat à feu.
- Ajouter le reste du beurre dans la sauteuse, y dorer les échalotes 3 à 4 min en remuant.
- Mouiller avec le porto, le vin blanc et l'eau-de-vie de cidre. Ajouter les épices, faire mijoter et réduire de moitié en remuant 5 min. Ensuite, incorporer la crème fraîche et faire réduire encore en sauce onctueuse et nappante.
- Placer les jaunes d'œufs dans une jatte, y incorporer la sauce au fouet. La verser sur la lotte.
- Réchauffer le plat à four moyen à 150 °C (th. 5) pendant 20 min.
- Accompagner de riz.

Matelote de lieu

POUR 6 PERSONNES
Préparation : 1 h
Cuisson : 1 h

800 g de filets de lieu coupé en 6 portions
6 cuillerées à soupe de chapelure
1 noix (40 g) de beurre demi-sel
4 cuillerées à soupe d'eau-de-vie de cidre
sel, poivre
6 tranches de pain de mie

Sauce

300 g de petits champignons
1 citron
2 verres (30 cl) de vin blanc
1 tablette de bouillon de volaille
3 gros oignons émincés
2 blancs de poireaux émincés
120 g de beurre demi-sel
2 grosses cuillerées à soupe de farine
1 petit bouquet garni (thym, laurier, persil)
200 g de crevettes décortiquées (surgelées)
2 jaunes d'œufs
3 cuillerées à soupe de crème fraîche

Préparer le poisson

- Passer les portions de poisson dans la chapelure, puis les faire légèrement dorer dans une poêle avec la moitié du beurre et de l'huile sur feu vif sans chercher à les cuire. Les ranger dans un plat à gratin et les arroser d'eau-de-vie de cidre. Saler, poivrer.

Préparer la sauce

- Faire cuire les champignons 10 min dans une grande casserole avec 30 cl d'eau (deux verres moyens), le vin blanc, le citron coupé en quatre, la tablette de bouillon, sel et poivre.
- Égoutter les champignons en recueillant le bouillon.
- Faire fondre une noisette (20 g) de beurre dans une casserole. Ajouter les oignons et les blancs de poireaux. Couvrir et laisser mijoter 20 min sur feu doux.
- D'autre part, faire fondre 100 g de beurre dans une casserole et y cuire 2 min la farine en remuant. Mouiller avec le bouillon réservé, ajouter le bouquet garni et laisser cuire 20 min à découvert ; retirer le bouquet garni. Ajouter dans cette sauce : les champignons, les crevettes, le mélange oignons-poireaux. Goûter et rectifier l'assaisonnement, laisser mijoter encore 10 min.
- Mélanger les jaunes d'œufs et la crème fraîche dans un bol, délayer d'un peu de sauce et incorporer cette liaison dans la sauce. En napper le poisson.
- Réchauffer 15 min dans le four préchauffé sur 170 °C (th. 5).
- Pour servir, entourer le plat de croûtons de pain de mie frits au beurre.

Pavés de turbot au poivre

POUR 6 PERSONNES
Préparation : 15 min
Cuisson : 15 min

900 g de filets de turbot très épais
2 cuillerées à soupe rases de poivre à steak
1 grosse cuillerée à soupe de moutarde
1/2 verre (10 cl) de marc de cidre ou de calvados
50 cl de crème fraîche épaisse
1 grosse noix (60 g) de beurre
6 petits bouquets de menthe fraîche (le haut des tiges), sel

Préparer les filets de turbot

- Couper le turbot en six (des pavés). Les sécher au papier absorbant.
- Chauffer le beurre dans une grande poêle sur feu vif. Lorsqu'il devient noisette, y dorer rapidement, sans chercher à les cuire, les pavés de turbot. Les retourner, les saupoudrer de poivre à steak, les saler. Puis les arroser de marc de cidre et les flamber.
- Les retirer de la poêle avec une écumoire et les ranger dans un plat à four spacieux. Les réserver.

Préparer la sauce

- Réduire le jus de la poêle à trois cuillerées. Ajouter la moutarde. Mélanger avec une cuillère de bois. Incorporer la crème fraîche.
- Réduire le feu à doux et laisser cuire cette sauce en la remuant de temps en temps, jusqu'à ce qu'elle soit onctueuse et prenne une jolie couleur ambrée.
- La verser alors sur les pavés de turbot.
- Terminer la cuisson 20 min dans le four préchauffé à 180 °C (th. 6).
- Servir sur assiettes chaudes, piquer un petit bouquet de menthe fraîche sur chaque pavé.

Pilaf de coques

POUR 4 PERSONNES
Préparation : 40 min
Cuisson : 40 min
2 kg de coques
250 g de riz long
1 grosse noix (50 g) de beurre demi-sel
3 cuillerées à soupe d'huile
3 oignons émincés
1 gousse d'ail émincée
1 petite boîte de concentré de tomate
1 verre moyen (15 cl) de muscadet (ou autre vin blanc)
1 pincée de Cayenne
1 bonne pincée de thym émietté
poivre

- Faire cuire les coques au naturel, les décoquiller et les réserver avec un verre de leur jus de cuisson.
- Chauffer le beurre et l'huile dans une sauteuse sur feu vif. Y blondir oignons et ail en remuant 3 min. Ajouter le riz et dorer le tout 6 min en remuant. Mélanger dans un bol le vin, le jus de cuisson des coques, le concentré de tomate, la pincée de Cayenne, le thym et le poivre. Verser sur le riz. Couvrir, réduire le feu et laisser cuire 20 min en versant les coques dessus 5 min avant la fin de la cuisson. Mélanger avant de servir. Accompagner de gruyère râpé.
- On peut remplacer les coques par des moules ou des palourdes.

Petite marmite belliloise

POUR 6 PERSONNES
Préparation du bouillon : 1 h 15
Préparation de la marmite : 30 min
Bouillon (peut se faire la veille)
1 tête ou 1 morceau de queue de congre
2 carottes
2 navets
2 poireaux, coupés en morceaux
2 gros oignons avec la peau
2 gousses d'ail en chemise (non épluchées)
1 bouquet garni (persil, céleri, thym, laurier)
1 branche de fenouil sauvage ou 1 cuillerée à soupe de fenouil en grains
50 cl de vin blanc (muscadet)
Marmite
500 g de moules nettoyées
1 kg de palourdes lavées
12 grosses langoustines vivantes
12 pinces de crabe
3 étrilles vivantes
2 tomates pelées et hachées
2 échalotes hachées
1 cuillerée à café de curry
1 cuillerée à café de paprika doux
1 pincée de Cayenne
sel, poivre
beurre demi-sel
Accompagnement
croûtons frits au beurre
1 jatte de crème fraîche épaisse

Préparer le bouillon

- Mettre tous les ingrédients dans une grande casserole. Ajouter 2 l d'eau et du poivre (ne pas saler). Amener à ébullition sur feu vif. Puis laisser frissonner et réduire une bonne heure. Filtrer le bouillon. Il doit en rester environ 75 cl.

Préparer la marmite

- Faire chauffer 50 g de beurre dans une marmite ou une cocotte. Y fondre les échalotes hachées 2 min. Ajouter les tomates, le curry, le paprika, le Cayenne, un peu de sel, du poivre. Mélanger et faire fondre le tout 3 à 4 min.
- Mouiller avec le bouillon, amener à ébullition. Y jeter les palourdes et les étrilles. Faire bouillir 5 min.
- Ajouter les pinces de crabe légèrement cassées au marteau. Laisser revenir à ébullition, cuire 5 min, puis ajouter les langoustines et les moules. Couvrir et laisser frémir 5 min.
- Normalement, les coquillages doivent rendre suffisamment d'eau pour allonger le bouillon. Sinon, en ajouter un verre avant de mettre les langoustines. Goûter et rectifier en sel.
- Servir avec des croûtons frits et de la crème fraîche épaisse.

Potée du forban

POUR 6 PERSONNES
Préparation : 1 h 30
Cuisson : 15 min + 5 min pour réchauffer

2 grondins
1 aiguillette
6 tranches de merlu (ou colin)
1 petite vieille
3 merlans de ligne
1 kg de moules de bouchot grattées et lavées
1 araignée de 1 kg environ
1,2 kg de pommes de terre
1 poireau épluché et lavé
1 carotte pelée et lavée
1 petite branche de céleri
2 oignons pelés
1 gousse d'ail
1 bouquet garni (thym, laurier, persil)
1/2 bouteille de muscadet
1 dose de safran
1 cuillerée à soupe de coriandre en grains
100 g de beurre demi-sel
sel, poivre

Mayonnaise

1 jaune d'œuf
1 cuillerée à café de moutarde
1 verre (20 cl) d'huile
1 cuillerée à café de vinaigre
1 grosse gousse d'ail écrasée
sel, poivre

Parer les poissons

- Les écailler, les vider, couper les têtes et les nageoires, tronçonner les poissons en portion. Réserver les têtes.
- Faire cuire les moules dans une marmite couverte, sur feu vif en les secouant fréquemment. Dès qu'elles sont ouvertes et qu'elles se détachent facilement de leurs coquilles, les retirer du feu et les décoquiller.
- Filtrer le jus et le réserver.

Préparer le court-bouillon

- Verser le muscadet dans la marmite. Ajouter trois quarts de litre d'eau, le jus des moules, les têtes de poissons, poireau, carotte, céleri, bouquet garni, la gousse d'ail non épluchée, les grains de coriandre, sel et poivre (attention, le jus des moules est salé).
- Amener à ébullition sur feu vif. Laver et brosser l'araignée, puis la plonger dans le court-bouillon. Laisser cuire 15 min. Retirer l'araignée, filtrer le court-bouillon, le réserver.

Préparer la potée

- Hacher les oignons. Éplucher les pommes de terre et les couper en rondelles épaisses.
- Chauffer 100 g de beurre demi-sel dans la marmite et y blondir les oignons 2 min. Ajouter les pommes de terre et dorer le tout 5 min en remuant. Ajouter le safran et mouiller avec le court-bouillon. Amener à ébullition sur feu vif puis réduire le feu et laisser cuire 15 min.

- Au bout de ce temps, poser les poissons sur les pommes de terre. Laisser revenir à frémissement, retirer du feu et couvrir.
- Extraire la chair du corps et des pinces de l'araignée. Réserver d'une part les chairs blanches, d'autre part le foie et les chairs jaunes et crémeuses.

Préparer la mayonnaise

- Faire une mayonnaise avec le jaune d'œuf, la moutarde, sel, poivre et huile. Ajouter à la fin le vinaigre, l'ail écrasé, le foie et les chairs crémeuses de l'araignée.

Servir

- Réchauffer la potée en la laissant frémir 3 min. Ajouter les chairs blanches de l'araignée ainsi que les moules.
- Servir dans la marmite. Prévoir des assiettes creuses. Accompagner de la mayonnaise en saucière.
- Il est évidemment indispensable que la maîtresse de maison serve chaque invité en posant dans l'assiette des morceaux de poisson, des pommes de terre et une louche de court-bouillon.

Moules à la riécoise

POUR 6 PERSONNES
Préparation : 20 min
Cuisson : 20 min
2,5 kg de moules lavées et grattées
2 grands verres (40 cl) de muscadet
6 échalotes hachées
3 gousses d'ail hachées
1 pomme fondante (reinette, clochard) pelée et coupée en petits dés
6 cuillerées à soupe de persil haché
3 cuillerées à soupe de chapelure
100 g de beurre demi-sel
poivre

- Dans une grande marmite, faire blondir les échalotes, l'ail et la pomme avec le beurre 3 à 4 min en remuant sur feu moyen.
- Ajouter le persil et la chapelure, remuer pour bien mélanger le tout, puis mouiller avec le vin blanc. Faire réduire cette sauce 5 min sur feu vif (de moitié).
- Y jeter les moules, poivrer, couvrir et secouer la marmite pour mélanger les moules.
- Laisser cuire, en remuant de temps en temps jusqu'à ce que les moules soient toutes ouvertes.
- Les verser dans une grande jatte et servir.

Pétoncles à la crème safranée

POUR 4 PERSONNES
Préparation : 40 min
1,5 kg de pétoncles
1 noix (40 g) de beurre demi-sel
4 grosses cuillerées à soupe (20 cl) de crème fraîche épaisse
2 petites échalotes hachées
4 cuillerées à soupe d'eau-de-vie de cidre ou calvados
sel, poivre
1 dose de safran

- Faire cuire les pétoncles au naturel, les nettoyer.
- Chauffer le beurre avec les échalotes dans une poêle sur feu vif et lorsque le mélange est brûlant et commence à se colorer, y dorer 3 à 4 min les noix de pétoncles. Les saler, poivrer, les saupoudrer de safran.
- Arroser avec l'eau-de-vie de cidre ou le calvados et les flamber.
- Ajouter la crème fraîche, mélanger, laisser cuire et légèrement réduire 5 à 10 min sur feu moyen. Servir avec un riz pilaf.

Pieds-de-couteau en gratin

POUR 4 À 6 PERSONNES
Préparation : 1 h
Cuisson : 20 min
1,5 kg de pieds-de-couteau nettoyés
4 échalotes finement hachées
120 g de beurre
1 pointe de couteau de curry
2 cuillerées à soupe de persil ciselé
1 tasse de mie de pain rassis (100 g)
1/2 verre de vin blanc sec
2 cuillerées à soupe de crème fraîche
chapelure
sel, poivre

- Faire ouvrir les pieds-de-couteau dans une marmite sur feu vif en les secouant fréquemment (procéder en deux fois).
- Les retirer de leurs coquilles. Filtrer environ un verre de leur eau, en mouiller la mie de pain. Hacher grossièrement les pieds-de-couteau au mixeur.
- Faire fondre les échalotes avec 80 g de beurre dans une casserole sur feu doux 5 à 6 min sans les colorer. Ajouter les pieds-de-couteau hachés et remuer encore 5 min.
- Poivrer, ajouter la mie de pain réduite en bouillie, le vin blanc, le curry, le persil et la crème fraîche. Goûter et saler si nécessaire. Tourner encore 1 min sur le feu, puis verser dans un plat à gratin beurré.
- Parsemer de chapelure, puis de petits morceaux de beurre.
- Faire cuire et gratiner 20 min dans le four préchauffé sur 200 °C (th. 6).

Plateau de fruits de mer

PAR PERSONNE

3 huîtres plates ou creuses
3 praires
6 palourdes
1 petite poignée de bigorneaux cuits
3 langoustines cuites
1/2 crabe ou araignée cuits
1 mayonnaise
1 vinaigre à l'échalote
citron
beurre demi-sel bien frais
pain de seigle coupé en fines tranches
algues pour garnir le plateau

- Ouvrir les huîtres et les praires 5 min à l'avance.
- Laisser les palourdes fermées.
- Servir les langoustines, les crevettes, les bigorneaux et le crabe tièdes. Si on les a fait cuire à l'avance, on les plongera 1 min dans de l'eau bouillante salée, juste avant d'en garnir le plateau.
- Défaire crabes ou araignées (5 min à l'avance). Couper les corps en quatre. Briser les pinces.
- Disposer les algues sur le plateau et le garnir avec les coquillages et les crustacés.
- Servir avec une mayonnaise, du vinaigre à l'échalote, du citron, du pain de seigle et du beurre.

Poêlée d'ormeaux

POUR 4 PERSONNES
Préparation : 20 min
Cuisson : 5 min

8 à 16 ormeaux sortis de leurs coquilles et lavés
3 échalotes grises finement hachées
3 gousses d'ail écrasées
3 cuillerées à soupe de persil plat ciselé
100 g de beurre demi-sel bien frais
sel, poivre

- Si les ormeaux sont petits, les employer tels quels, par contre, s'ils sont gros, les battre entre deux galets ou avec un maillet en bois, pour les attendrir sans briser les chairs. Ensuite, les essuyer.
- Faire chauffer la moitié du beurre dans une poêle et lorsqu'il cesse de mousser, y jeter les échalotes. Remuer 2 min, ajouter les ormeaux. Les faire cuire 5 min en remuant sur feu vif. Ajouter l'ail, le persil, le sel et le poivre, puis le reste de beurre. Remuer et servir.
- Accompagner d'un riz pilaf.

Poissons à la vapeur d'algues

POUR 4 PERSONNES
(1 poisson par personne)
Préparation : 15 min
Cuisson : entre 10 et 15 min selon la taille
Saint-pierre, petits lieus, dorades, vieilles, maquereaux de ligne...

- Écailler, vider et ébarber les poissons. Poser chaque poisson sur un morceau d'aluminium ménager percé de quelques trous pratiqués à la fourchette. Relever l'aluminium en forme de gondole.
- Verser de l'eau de mer dans le fond d'une Cocotte-Minute. Mettre le panier en place (il ne doit pas toucher l'eau). Le remplir d'une grosse poignée d'algues (*Fucus versiculosus*) ramassées sur les rochers.
- Amener l'eau à ébullition sur feu vif et lorsque la vapeur traverse les algues, poser les gondoles de poisson dessus.
- Couvrir et laisser cuire 15 min.
- Servir avec un beurre fondu additionné de jus de citron, sel et poivre ou d'une mayonnaise à l'ail (deux grosses gousses d'ail écrasées pour une tasse de mayonnaise toute prête).

Ragoût de berniques

POUR 4 PERSONNES
Préparation : 30 min
Cuisson : 1 h
32 berniques
100 g de beurre demi-sel
2 gros oignons émincés
1 gousse d'ail hachée
4 cuillerées à soupe de persil haché
1 branche de céleri
2 tomates pelées et épépinées
1/2 bouteille de cidre brut
1 feuille de laurier
1 branchette de thym
sel, poivre

- Extraire les berniques de leur coquille avec un couteau à lame fine et pointue. Les mettre dans un linge posé sur une planche et les taper avec un maillet en bois pour les attendrir.

- Faire dorer les oignons avec le beurre dans une cocotte.
- Ajouter les berniques et l'ail, dorer le tout encore 5 min en remuant.
- Ajouter les tomates en morceaux, la branche de céleri, le persil, le thym, le laurier. Laisser mijoter 5 à 10 min pour fondre les tomates, puis arroser de cidre.
- Saler, poivrer, couvrir et faire cuire 1 h à feu doux en rajoutant un peu de cidre si la sauce est trop réduite.
- Servir avec des pommes de terre à l'eau.

Thon de Groix

POUR 6 PERSONNES
Préparation : 5 min
Cuisson : 15 à 20 min
1,2 kg de thon coupé en 3 tranches
18 filets d'anchois à l'huile
18 gousses d'ail épluchées
3 branchettes de thym
sel, poivre
huile d'olive

Sauce au paprika
2 yaourts natures
2 cuillerées à soupe de crème fraîche
1 grosse échalote finement hachée
1 cuillerée à café de paprika
sel

- Piquer chaque tranche de thon avec six filets d'anchois et six gousses d'ail d'un côté seulement, puis l'enduire d'huile d'olive. Poivrer et poser une branchette de thym.
- Mettre les tranches sur le gril.
- Les griller 10 à 15 min du côté non garni. Les retourner, remonter la grille et cuire encore 5 min.
- Préparer la sauce au paprika en mélangeant tous les ingrédients.
- Servir accompagné de poivrons grillés, de riz et de sauce au paprika.

Ragoût de congre aux pruneaux

Préparation : 25 min
Cuisson : 30 min

- 4 tranches épaisses de petit congre (coupées près de la tête)
- 4 carottes taillées en rondelles
- 2 gros oignons émincés
- 1 kg de pommes de terre fermes coupées en quatre
- 12 pruneaux dénoyautés
- 1 cuillerée à café d'arôme Patrelle (ou de Viandox)
- 1 branchette de thym + 1 feuille de laurier
- 1 verre (20 cl) de vin blanc sec (muscadet)
- beurre demi-sel
- farine
- sel, poivre

- Fariner légèrement les tranches de congre. Faire chauffer une grosse noix (50 g) de beurre demi-sel dans une cocotte sur feu vif et y dorer le poisson sur les deux faces. Saler, poivrer, le retirer avec une écumoire et le réserver.
- Réduire le feu à moyen, verser les oignons dans la cocotte. Les blondir 3 à 4 min en remuant. Ajouter les carottes et les pommes de terre. Dorer encore un peu le tout, y incorporer les pruneaux.
- Mouiller avec le vin blanc, un demi-verre d'eau dans lequel on aura mélangé l'arôme Patrelle.
- Saler, poivrer et déposer sur le dessus les tranches de congre ainsi que le thym et le laurier. Couvrir et laisser mijoter 30 min.

Vieille à l'oseille sauvage

POUR 4 PERSONNES
Préparation : 2 min la veille, 15 min le jour même
Cuisson : 2 h

- 1 vieille de 1,5 kg écaillée et vidée
- 1 très grosse botte d'oseille sauvage (ou cultivée)
- 1 grosse botte de cerfeuil ciselé
- 1 petite botte de persil plat ciselé
- 4 gros oignons émincés
- 4 petites tomates coupées en deux
- 150 g de petits lardons demi-sel
- 1 bonne pincée de thym émietté
- 1 feuille de laurier
- 100 g de beurre demi-sel
- sel, poivre
- gros sel gris

La veille

- Faire un lit de gros sel gris dans un plat. Y coucher la vieille, lui inciser les flancs avec une lame de couteau bien aiguisée, puis la recouvrir de gros sel. La réserver au frais jusqu'au lendemain (voire même deux jours).

Le jour même

- Rincer le poisson, le couper en quatre grosses darnes. Ne pas jeter la tête, elle donne du goût au plat.
- Équeuter l'oseille, la laver et la couper en lanières. La mélanger au cerfeuil et au persil (on peut ajouter une laitue en lanières pour adoucir l'oseille).
- Blanchir 3 min les lardons dans de l'eau bouillante. Les égoutter et les faire dorer avec les oignons et une noix (40 g) de beurre dans une poêle. Beurrer largement une cocotte, ou une terrine en terre pouvant aller au four.
- Y installer un premier lit du mélange à l'oseille (la moitié), puis la moitié des oignons et des lardons. Y coucher les morceaux de vieille et la tête. Les poivrer copieusement, les parsemer de thym, poser la feuille de laurier au centre. Recouvrir d'oignons, de lardons et d'oseille et terminer par les demi-tomates, peau au-dessus. Saler légèrement, ajouter le reste de beurre en petits morceaux et un demi-verre (10 cl) d'eau. Couvrir et faire chauffer 8 à 10 min sur feu doux si on emploie une cocotte. Enfourner à four préchauffé à 170 °C/200 °C (th. 5-6). Laisser cuire 2 h.
- Servir dans la cocotte ou la terrine avec des pommes de terre vapeur.

GALETTES

Galettes de sarrasin

POUR ENVIRON 20 GALETTES
Préparation : 20 min
Repos de la pâte : plusieurs heures, voire une nuit
500 g de farine de sarrasin
4 cuillerées à soupe de farine de froment (environ 70 g)
1 œuf
1 cuillerée à café de sel
1 pichet d'eau froide
3 cuillerées à soupe d'huile
1 tasse de lait
1 tasse de beurre fondu en pommade
250 g de beurre demi-sel

Matériel spécifique
1 galetoire en fonte ou une poêle antiadhésive à bords plats
1 petit tampon de toile roulé et ficelé pour graisser la poêle
1 tournette ou une spatule fine en bois

Préparer la pâte

- Verser les farines dans une grande jatte. Creuser une fontaine au centre et y mettre l'œuf et le sel. Travailler la pâte avec une grande cuillère de bois en commençant par l'œuf et en incorporant petit à petit la farine. En même temps, verser lentement l'eau froide, toujours au centre.
- Lorsque la pâte atteint la consistance d'une mayonnaise épaisse, la fouetter 10 min avec un fouet à main ou un batteur à vitesse réduite. Plus elle sera battue, plus elle sera légère et s'étendra facilement dans la poêle.
- Puis ajouter à nouveau de l'eau en la travaillant avec une louche. La pâte doit devenir très lisse et couler de la louche comme une crème (attention, ne pas la noyer).
- La couvrir d'un torchon et la laisser reposer plusieurs heures à une nuit dans un endroit frais.
- Juste avant de l'employer, la remuer à nouveau à la louche en ajoutant l'huile et un peu de lait jusqu'à ce qu'elle retrouve une consistance fluide, mais bien nappante.

Cuire les galettes

- Graisser la poêle avec le tampon de toile trempé dans le beurre fondu. La mettre sur le feu et lorsqu'elle est très chaude et que le beurre fume, y verser une petite louchée de pâte (plutôt trop que trop peu). L'étaler en inclinant la poêle dans tous les sens et rejeter l'excédent dans la jatte de pâte en tenant la poêle presque à la verticale.
- Faire cuire la galette 2 min ou jusqu'à ce que le centre ne soit plus liquide. Pour la retourner, saisir un bord de la galette entre le pouce et l'index, le poser à cheval sur la tournette et d'un mouvement rapide, la soulever et la retourner.

- Beurrer immédiatement l'autre face avec une noisette de beurre frais.
- Laisser juste cuire 2 s, plier la galette en quatre et la servir de suite.
- Si on désire les préparer à l'avance pour ensuite les garnir, ne pas beurrer la seconde face et étaler les galettes sur un torchon sec au fur et à mesure de leur fabrication.

Réchauffer les galettes

- Graisser et chauffer la poêle sur feu moyen. Y déposer la galette. Laisser chauffer 1 min, la retourner, la beurrer ou la garnir.

Galette bigoudène

POUR 1 PERSONNE
Préparation : 15 min
1 galette
1/2 pomme coupée en tranches fines
2 rondelles d'andouille
beurre demi-sel
sel, poivre

- Faire chauffer, sur feu vif, une grosse noisette de beurre demi-sel dans une poêle.
- Lorsqu'il est brûlant, y dorer 2 min les tranches de pomme en remuant.
- Saler, poivrer, réserver sur feu doux. Chauffer une noisette de beurre demi-sel dans la galetoire.
- Y déposer une galette. Laisser chauffer 1 min, la retourner.
- Verser dessus les tranches de pomme, les étaler. Poser les deux rondelles d'andouille sur le centre. Laisser cuire encore 15 s, plier la galette en quatre et servir.

Galette « Pen Sardine »

POUR 1 PERSONNE
Préparation : 15 min
1 galette
2 sardines à l'huile désarêtées
quelques gouttes de citron
1/2 cuillerée à café d'échalote hachée
beurre demi-sel mou
poivre

- Écraser les sardines avec le jus de citron, l'échalote hachée, une grosse noisette de beurre demi-sel et le poivre.
- Chauffer une noisette de beurre demi-sel dans la galetoire. Y déposer une galette. Laisser chauffer 1 min, la retourner, la tartiner avec le beurre de sardine.
- Laisser cuire encore 15 s.
- La plier en quatre et servir.

Galettes du « bois d'amour »

POUR 6 PERSONNES
Préparation : 30 min
Cuisson : 25 min
6 galettes de sarrasin
18 queues de langoustines cuites et décortiquées
6 noix de coquilles Saint-Jacques avec corail
1 kg de moules
1 petit bocal de beurre de homard
50 g de beurre demi-sel
50 g de farine
20 cl de crème fraîche liquide
3 cuillerées à soupe d'eau-de-vie de cidre (ou de calvados)
1/2 cuillerée à café de curry
poivre
beurre

- Faire ouvrir les moules dans une casserole couverte sur feu vif en les secouant. Les décoquiller, filtrer et réserver un demi-verre (10 cl) de jus.
- Verser les moules dans une jatte, ajouter les queues de langoustines coupées en deux et les noix de Saint-Jacques escalopées.

- Mettre le beurre dans une casserole et porter sur feu doux. Ajouter la farine et faire cuire 2 min en remuant.
- Ajouter le curry ; mouiller avec le jus de moules, 10 cl de crème fraîche et l'eau-de-vie de cidre. Poivrer. Incorporer le beurre de homard.
- Goûter et rectifier l'assaisonnement.
- Mélanger cette sauce épaisse avec les fruits de mer.
- Fourrer les galettes de cette préparation, les rouler et les ranger dans un plat à four largement beurré. Parsemer le dessus des galettes de petits flocons de beurre. Faire cuire 25 min dans le four préchauffé à 200 °C (th. 6).
- Au sortir du four, arroser le plat avec les 10 cl de crème fraîche restants et servir.

Tourte de Mélaine

POUR 6 PERSONNES

Préparation : 1 h
Cuisson : 30 min
6 galettes de sarrasin
4 gros oignons (500 g) finement émincés
100 g de beurre demi-sel
2 cuillerées à soupe d'huile
1 cuillerée à café de sucre
1 pincée de thym émietté
6 tranches fines de poitrine fumée
sel, poivre
beurre, huile

- Faire fondre les 100 g de beurre plus l'huile dans une casserole à fond épais sur feu doux. Ajouter les oignons émincés, ne pas remuer, mais les laisser se fondre doucement 30 min environ.
- Ensuite les remuer, ajouter le sucre, le sel, le poivre et le thym, laisser cuire encore 20 min en remuant souvent. Arrêter la cuisson lorsqu'ils ont pris une jolie couleur caramel.
- Couper la poitrine fumée en très petits morceaux et les faire dorer dans une poêle jusqu'à ce qu'ils soient croustillants, avec une cuillerée à soupe d'huile. Les jeter avec leur graisse dans les oignons. Mélanger.
- Préchauffer le four à 200 °C (th. 6). Beurrer une tourtière en porcelaine à feu (ou un grand moule à manqué). Y installer une galette, la recouvrir d'oignons. Poser une autre galette, la recouvrir d'oignons, et ainsi jusqu'à la sixième galette que l'on ne recouvrira pas. Parsemer le dessus de la tourte de petits flocons de beurre (environ 50 g). Faire cuire 30 min dans le four.
- Servir en découpant des parts comme pour un gâteau. Accompagner d'une bonne salade.

VOLAILLES

Canettes « dames de nage »

POUR 6 PERSONNES
Préparation : 30 min
Cuisson : 55 min

- 2 petites canettes de Barbarie
- les foies et les gésiers des canettes
- 1 kg de langoustines cuites et décortiquées (réserver 6 grosses têtes pour la décoration du plat)
- 2 cuillerées à soupe de baies de genièvre
- 1 petit bocal de beurre de crevette
- 1/2 verre (10 cl) de gin
- 3 grosses cuillerées à soupe de crème fraîche épaisse
- 1 citron
- 1 cuillerée à soupe bombée de paprika doux
- 1 cuillerée à café de poivre rose
- 1 pointe de couteau de curry
- 1 cuillerée à café de sucre
- 80 g de beurre demi-sel
- huile
- sel

- Croiser les pattes des têtes de langoustines réservées, les poser sur une tôle, les badigeonner d'huile et les faire légèrement dorer sous le gril du four. Les réserver pour la décoration finale du plat.
- Mixer, en crème, les foies et les gésiers des canettes avec les baies de genièvre, le gin, le poivre rose et une cuillerée à café de sel. Couler cette crème à l'intérieur des canettes en la répartissant bien partout. Frotter la peau des canettes avec le citron coupé en deux. Laisser sécher.
- Presser le jus qui reste dans le citron et le mélanger avec le beurre de crevette, le paprika, le curry, le sucre et un peu de sel.
- Installer les canettes dans un grand plat à four (en terre de préférence). Les enduire du mélange au beurre de crevette, poser un morceau (40 g) de beurre sur chacune. Faire cuire 40 min dans le four préchauffé à 200 °C (th. 6) en arrosant de temps en temps.
- Au bout de ce temps, piquer une canette avec la pointe d'un couteau de cuisine. Le jus doit en sortir clair, à peine rosé. Ajouter alors la crème fraîche et les queues de langoustines décortiquées. Remuer le fond du plat avec une spatule (si la sauce est trop courte, ajouter un peu d'eau). Arroser à nouveau les canettes et laisser finir de cuire encore 15 min en laissant la température du four à 160 °C (th. 5).

Servir

- Découper les canettes sur un plat de service. Les arroser de sauce aux langoustines. Décorer le tour du plat avec les têtes aux pattes croisées. Accompagner d'une purée de carottes ou de riz créole.

Canette aux huîtres et aux algues

POUR 4 PERSONNES
Préparation : 40 min
Cuisson : 1 h environ
1 belle canette de 1,5 kg environ « croisé sauvage »
16 grosses huîtres creuses
2 cuillerées à soupe d'algues sèches de Bretagne
2 échalotes hachées
250 g de crème fraîche allégée
1 cuillerée à café de fenouil en grains
1 cuillerée à café de poivre vert
4 pépins de cardamome
1 grand verre (25 cl) de vin blanc (muscadet sur lie)
1/2 verre (10 cl) de vermouth
4 cuillerées à soupe d'amandes effilées
1 cuillerée à café de Maïzena
beurre (une grosse noisette)
sel, poivre

Cuire la canette

- Saler, poivrer l'intérieur de la canette et y introduire une cuillerée d'algues sèches. La poser dans un plat à four et la faire rôtir 45 min à 1 h dans le four préchauffé à 200 °C (th. 6) ou, en la retournant une à deux fois et en l'arrosant avec la graisse rendue. Arrêter la cuisson lorsque la pointe d'un couteau pénètre facilement le gras d'une cuisse et que le jus qui s'en échappe est rose pâle.

Préparer la sauce aux huîtres

- Rincer les huîtres, les ouvrir avec un couteau à huîtres. Les décoquiller dans un tamis posé sur un bol pour en recueillir toute l'eau. Réserver les huîtres.
- Faire chauffer une grosse noisette de beurre (40 g) dans une petite casserole sur feu doux. Y dorer doucement les échalotes hachées en les remuant pendant 5 min. Puis ajouter le vin blanc, l'eau des huîtres, le fenouil en grain, les quatre pépins de cardamome fendus pour libérer les petites graines, et 1 cuillerée d'algues sèches. Laisser réduire cette sauce sur feu doux environ 15 min ou jusqu'à un demi-verre environ de liquide.
- Filtrer la sauce et la remettre à mijoter en lui incorporant le vermouth, la crème fraîche et le poivre vert légèrement écrasé.
- Au bout de 5 à 7 min, ajouter les amandes effilées et les huîtres. Laisser frémir 30 s. Délayer la Maïzena avec deux cuillerées d'eau froide et la verser dans la sauce en tournant rapidement. Retirer du feu dès qu'une consistance nappante et onctueuse est obtenue. Les huîtres ainsi juste pochées garderont toute leur saveur. Garder au chaud dans un bain-marie.
- Découper la canette en quatre, c'est-à-dire ailes avec les filets, les cuisses bien larges avec le bas des filets. Dégraisser le jus du plat et y remettre les morceaux de canette. Couvrir d'un papier aluminium. Garder à four doux.

Servir

- Poser chaque portion sur une assiette chaude, la napper de sauce aux huîtres et l'accompagner d'une cuillerée de purée de brocolis.
- On peut ajouter une tête de brocoli cuit à la vapeur pour décorer l'assiette.

Poules faisanes aux châtaignes

POUR 6 PERSONNES
Préparation : 1 h
Cuisson : 1 h

2 poules faisanes
2 petites bardes de lard
500 g de petites échalotes pelées (ou d'oignons grelots surgelés)
500 g de châtaignes cuites et épluchées
150 g de lardons demi-sel
2 gros petits-suisses
2 cuillerées à soupe de ciboulette ciselée (surgelée)
4 cuillerées à soupe d'armagnac
100 g de beurre demi-sel
1 cuillerée à soupe d'huile
sel, poivre

- Mélanger les deux petits-suisses avec la ciboulette, sel, poivre et deux cuillerées à soupe d'armagnac.
- En enduire l'intérieur des poules faisanes. Puis chemiser chaque poule d'une barde et ficeler.
- Les installer dans un grand plat à four en terre, les arroser avec deux cuillerées d'armagnac, saler, poivrer et laisser en attente.
- Faire chauffer une cuillerée à soupe d'huile dans une poêle.
- Commencer à y blondir les lardons, ajouter les échalotes entières et dorer doucement le tout en remuant fréquemment (10 min environ).
- Verser ce mélange autour des poules faisanes.
- Poser sur chacune une noisette (25 g) de beurre et faire cuire 30 min dans le four préchauffé à 200 °C (th. 6), en arrosant de temps en temps avec la graisse rendue dans le plat.
- Au bout de ce temps, ajouter les châtaignes et remuer pour les mélanger aux échalotes.
- Poser à nouveau une noisette de beurre sur chaque poule faisane et continuer la cuisson en réduisant la température du four à 180 °C (th. 6) pendant encore 30 min.

Servir

- Découper les poules faisanes sur un plat, les entourer du mélange échalotes, lardons, châtaignes.
- Accompagner d'une purée de pommes de terre.

Poule aux crassens

POUR 6 PERSONNES
Préparation : 30 min
Repos de la pâte : 2 h
Cuisson : 1 h 30

1 grosse poule de 2 kg coupée en morceaux (graisse réservée)
2 gros oignons émincés
6 gousses d'ail hachées
1 bouquet garni (1 carotte, 1 branche de céleri, persil, thym, 3 feuilles de laurier)
1 pincée de noix muscade
sel, poivre

Crassens
500 g de farine
6 œufs
1 sachet de levure de boulangerie
sel, poivre

Sauce
50 g de beurre
50 g de farine
3 louches de bouillon de la poule
1 jaune d'œuf
2 grosses cuillerées à soupe de crème fraîche

Préparer les crassens

- Verser la farine dans une jatte. Ajouter les œufs légèrement battus à la fourchette avec sel et poivre, et la levure diluée selon la méthode indiquée sur le sachet. Mélanger et pétrir longuement cette pâte (peut se faire dans un mixeur à vitesse réduite). Laisser reposer 2 h la pâte dans un endroit chaud, couverte d'un linge.

Préparer la poule

- Couper la graisse de la poule en petits dés et en faire fondre deux grosses cuillerées dans une marmite. Y dorer les morceaux de poule de tous côtés avec les oignons et l'ail. Ajouter le bouquet garni, la pincée de noix muscade, sel et poivre. Mouiller avec de l'eau (4 l) à recouvrir largement. Amener à ébullition et laisser bouillir à petits bouillons jusqu'à ce que la poule soit tendre (1 h).
- Dégraisser le dessus du bouillon. Retirer les morceaux de poule dans un plat à four en terre. Les arroser d'une louche de bouillon, couvrir d'aluminium ménager et garder au chaud à four doux (130 °C). Verser la moitié du bouillon de la marmite dans une sauteuse.
- Maintenir le bouillon de la marmite bouillant et celui de la sauteuse frémissant.

Cuire les crassens

- Mouiller une cuillère dans le bouillon, prendre des petites cuillerées de pâte et les jeter dans la marmite en mouillant la cuillère entre chaque cuillerée pour éviter à la pâte de coller.
- Tester une première petite boule de pâte. Une fois dans le bouillon, elle doit rester bien entière. Si elle se défait, la pâte est trop molle, ajouter dans ce cas un peu de farine.
- Laisser cuire les crassens 2 min de chaque côté. Puis les retirer de la marmite

avec une écumoire et les déposer dans le bouillon frémissant où elles continueront de cuire doucement et de gonfler encore 1 h. Prélever trois bonnes louches du bouillon de la marmite pour la sauce et verser le reste sur les crassens afin qu'elles baignent à l'aise.

Préparer la sauce

- Chauffer le beurre dans une casserole. Y jeter la farine et faire cuire 2 min en remuant. Mouiller avec trois louches de bouillon. Laisser cuire 5 min. Mélanger dans un bol le jaune d'œuf et la crème. Ajouter un peu de sauce chaude. Incorporer le tout dans la sauce en tournant vivement. Retirer du feu.
- Servir les morceaux de poule entourés des crassens, napper d'un peu de sauce. Servir le reste de sauce en saucière.

Poulet au cidre de Fouesnant

POUR 4 PERSONNES
Préparation : 15 min
Cuisson : 45 min

1 beau poulet fermier de 1,2 kg
2 verres moyens (30 cl) de cidre fermier
4 cuillerées à soupe d'eau-de-vie de cidre
6 échalotes émincées
4 cuillerées à soupe de crème fraîche épaisse
2 pommes (reinettes ou canada)
100 g de beurre demi-sel
sel, poivre

- Dans une grande cocotte, faire dorer le poulet avec la moitié du beurre sur feu moyen. Ajouter les échalotes et dorer encore 3 à 4 min le tout.
- Arroser d'eau-de-vie et de cidre, saler, poivrer, couvrir, réduire le feu à doux. Laisser mijoter 20 min.
- Ajouter les pommes pelées et coupées en quatre, ainsi que le reste de beurre. Laisser cuire 5 min à découvert sur feu vif pour réduire la sauce.
- Ajouter la crème fraîche, couvrir et cuire encore 20 min à feu doux.
- Accompagner d'une purée de pommes de terre.

Poulet aux figues

POUR 6 PERSONNES
Préparation : 15 min
Cuisson : 50 min

1 gros poulet fermier coupé en morceaux
16 figues fraîches bien mûres
12 échalotes épluchées
1/3 de verre (7 cl) d'eau-de-vie de cidre
1 verre (20 cl) de muscadet sur lie
1 tablette de bouillon de poule
4 grosses cuillerées à soupe de crème fraîche
sel, poivre
beurre demi-sel

- Faire dorer les morceaux de poulet et les échalotes avec une noix (50 g) de beurre dans une cocotte.
- Ajouter les figues équeutées et l'eau-de-vie de cidre.
- Laisser mijoter 5 min, puis mouiller avec le vin blanc, émietter la tablette de bouillon, saler, poivrer. Couvrir et laisser cuire 40 min sur feu moyen.
- Incorporer la crème fraîche et cuire encore 10 min sur feu doux à découvert.
- Servir avec une purée de pommes de terre.

VIANDES

Fars oaled

POUR 6 PERSONNES
Préparation : 15 min
Cuisson : 1 h 30 environ
500 g de farine d'orge ou de froment
50 cl de lait tiède
150 g de raisins secs
1 poignée de pruneaux dénoyautés
3 grosses pommes de terre finement râpées
300 g de lardons fumés coupés en petits dés
environ 150 g de beurre demi-sel mou
2 pincées de gros sel (1 cuillerée à café)

Préparer le fars

- Dans une grande jatte, mélanger la farine avec les pommes de terre et le gros sel. Délayer avec le lait tiède en tournant longuement de manière à obtenir une pâte nettement plus épaisse qu'une pâte à crêpe. Y incorporer lardons, raisins secs et pruneaux. Bien mélanger le tout.

Cuire le fars

- Beurrer très largement un grand plat à four assez profond, en terre de préférence et y verser la pâte. La recouvrir de petits flocons de beurre. Enfourner à four chaud (210 °C ou th. 7). Réduire la température du four à 180 °C/200 °C (th. 6) au bout de 30 min, et laisser cuire encore environ 1 h en rajoutant du beurre sur le fars, deux à trois fois en cours de cuisson. Couvrir d'aluminium ménager si le dessus dore trop vite, mais le fars oaled doit avoir une jolie croûte dorée. Servir chaud.

- Ce fars peut se déguster tel quel avec une salade mais il sera également délicieux en accompagnement d'un gigot ou d'un civet.

C'est là une méthode adaptée à nos cuisines, car le fars oaled se cuisait rituellement dans une casserole spéciale enfouie dans les braises ou mottes comme le ragoût.

Fars poch

POUR 8 PERSONNES
Préparation : 40 min
Cuisson : 3 h 30
1,5 kg de viande de bœuf (gîte, plat de côtes)
2 choux verts coupés en quatre
1 kg de carottes de sable taillées en long
750 g de navets coupés en quatre
4 gros oignons
250 g de haricots blancs « coco » de Bretagne
1 kg de lard demi-sel
1 bouquet garni (thym, laurier, persil)
sel, poivre

Fars
500 g de farine de froment
150 g de sucre
2 œufs + 2 jaunes d'œufs
75 cl de lait cru entier
1 sac de toile (torchon cousu) de la largeur d'une manche de chemise

- Faire chauffer 4 à 5 l d'eau dans une grande marmite avec le bouquet garni, sel et poivre. Lorsqu'elle frémit, y plonger la viande de bœuf et les légumes. Laisser cuire à petits bouillons 45 min. Ajouter le lard demi-sel.

Préparer le fars

- Verser la farine et le sucre dans une jatte. Mélanger, ajouter une demi-cuillerée à café de sel et les œufs plus les jaunes (au centre). Battre énergiquement le mélange en incorporant petit à petit le lait. La pâte est à point lorsqu'une louchée forme un filet ininterrompu et un « plissé » à la réception (il n'est peut-être pas nécessaire d'ajouter tout le lait). La laisser reposer environ 20 min. Puis la couler dans le sac mouillé et essoré. Remplir aux deux tiers de la hauteur pour permettre à la pâte de gonfler. Ficeler le sac et le plonger dans la marmite (on peut laisser une longueur de ficelle pour l'attacher à l'anse de la marmite et ainsi le sortir plus facilement). Cuire 2 h à petit feu.

Servir

- Sortir le fars, le laisser refroidir et rider 10 min, avant de le démouler du sac. Le couper en tranches assez épaisses dans un grand plat chaud. Disposer viandes et légumes autour et arroser le tout d'un peu de bouillon.

Kig ha farz Gwiniz du

POUR 8 PERSONNES
Préparation : 1 h
Cuisson : 2 h 30

500 g de lard demi-sel
1 jarret de porc demi-sel
1 kg de paleron de bœuf
4 saucisses fumées
4 poireaux liés en botte
1 chou vert
8 petites carottes épluchées
4 navets épluchés
1 oignon piqué de 2 clous de girofle
3 gousses d'ail non épluchées
1 bouquet garni (thym, laurier, persil, céleri)
gros sel, poivre

Farz Gwiniz du

500 g de farine de blé noir
4 œufs
1/2 cuillerée à soupe de gros sel
20 cl de crème fraîche
1 l de lait
100 g de beurre fondu
1 poignée de raisins secs
1 sac de toile ou un torchon cousu
ficelle de boucherie

Préparer la potée

- Faire dessaler les viandes demi-sel, pendant 3 h, dans une grande bassine d'eau froide.
- Mettre le paleron, l'oignon, l'ail et le bouquet garni dans une grande marmite d'eau froide (4 l). Porter à ébullition sur feu vif. Puis écumer et réduire le feu. Ajouter quelques bonnes pincées de poivre et une cuillerée à soupe de gros sel.
- Laisser cuire 30 min. Ajouter les viandes demi-sel et les légumes. Amener de nouveau à ébullition sur feu vif. Réduire le feu à doux et laisser frémir 30 min. Ajouter les saucisses fumées.

Préparer le farz

- Battre légèrement les œufs dans un bol avec la crème fraîche et le gros sel.
- Placer la farine de blé noir dans une grande jatte, creuser un puits au centre et y verser le contenu du bol.
- Puis, tout en tournant avec une cuillère de bois, ajouter lentement le lait, le beurre fondu et les raisins secs. Laisser reposer 30 min à 1 h.
- Ensuite introduire cette pâte dans le sac (attention, il ne doit pas être plein, car la pâte va gonfler à la cuisson).
- Fermer l'ouverture du sac par une ficelle.
- Poser une grande cuillère de bois (ou un bâton) en travers de la marmite et y attacher le sac de farz de manière à ce qu'il plonge dans le bouillon (ajouter un peu d'eau si nécessaire).
- Laisser cuire 1 h 30.

Servir

- Chauffer les écuelles à soupe.
- Retirer le farz de son sac et le couper en grosses tranches sur un plat.
- Couper les viandes et saucisses sur un autre plat et les arroser d'une louche de bouillon. Présenter les légumes dans un plat creux.
- Verser du bouillon dans une petite soupière.
- Chacun se servira de viandes, de légumes, d'une tranche de farz et arrosera le tout d'une petite louche de bouillon.
- Il est conseillé de mouiller le sac de toile avant d'y introduire la pâte, ce qui rendra le démoulage du farz plus facile.

Saucisse au chou

POUR 4 PERSONNES
Préparation : 30 min
Cuisson : 1 h

1 beau chou, vert ou frisé
2 oignons émincés
4 carottes coupées en rondelles
8 saucisses
1 cuillerée à soupe bombée de farine
100 g de beurre demi-sel
1 brin de thym, 1 feuille de laurier
sel, poivre

- Couper le chou en quatre, le laver et retirer un peu de trognon. Le blanchir 3 min dans une casserole d'eau bouillante salée et l'égoutter.
- Chauffer la moitié du beurre dans une cocotte sur feu moyen et y dorer les saucisses de tous côtés. Les retirer et les réserver sur une assiette.
- Jeter les oignons et les carottes dans la cocotte et les faire dorer 3 à 4 min. Saupoudrer de farine, ajouter le reste de beurre et remuer pour obtenir un petit roux clair.
- Mouiller avec un verre d'eau, saler, poivrer. Ajouter le chou, thym et laurier, couvrir, réduire le feu à doux. Laisser mijoter 40 min.
- Puis remuer et poser les saucisses sur le chou. Cuire encore 20 min. Il faut vraiment laisser mijoter le chou à tout petit feu pour qu'il soit fondant et non en bouillie.

Ragoût dans les mottes

POUR 8 PERSONNES
Préparation : 30 min
Cuisson : 2 h 30

1,5 kg de mouton ou d'agneau (épaule, collier, poitrine) coupé en morceaux
2 kg de pommes de terre
500 g de carottes de sable coupées en fines rondelles
4 beaux oignons émincés
6 échalotes émincées
3 gousses d'ail hachées
1 brin de thym
1 feuille de laurier
150 g de beurre demi-sel
2 cuillerées à soupe de farine
sel, poivre

- Faire chauffer la moitié du beurre dans une grande cocotte pouvant aller au four et y dorer la viande sur feu vif. Ajouter les échalotes, les oignons et la farine et bien dorer encore le tout (procéder en deux fois, ce qui permettra de dorer plus rapidement). Retirer de la cocotte, réserver.
- Ensuite, étaler dans la cocotte la moitié des carottes, puis la moitié des pommes de terre. Recouvrir avec toute la viande mélangée aux oignons. Ajouter l'ail, thym, laurier, sel et poivre. Terminer par le reste des carottes et couvrir de pommes de terre.
- Saler, poivrer encore le dessus et parsemer de petits morceaux de beurre (75 g). Mouiller avec de l'eau jusqu'à hauteur des pommes de terre du dessus sans les recouvrir.
- Poser le couvercle sur la cocotte et démarrer la cuisson sur feu moyen jusqu'à début d'ébullition, puis mettre dans le four préchauffé sur 170 °C (th. 5). Laisser cuire 2 h 30 en retirant le couvercle 20 min avant la fin de la cuisson pour bien dorer le dessus des pommes de terre.
- Servir dans la cocotte, accompagner d'une bonne salade.

À Ouessant, ce ragoût se fait cuire dans les mottes ou « Taouac'h ». Ce sont des plaques d'herbes des landes avec de la bruyère dont la terre adhère encore aux racines. On enfouit le chaudron dit « Kaoteriad » dans les mottes incandescentes jusqu'à le recouvrir, ce qui donne un fumet très spécial au ragoût.
On le laisse cuire ainsi 6 h.

Porc à la bretonne

POUR 4 PERSONNES
Préparation : 20 min
Cuisson : 1 h 15
1 kg de porc dans l'échine ou la palette avec os
3 cuillerées à soupe de moutarde
3 cuillerées à soupe d'huile
6 grosses gousses d'ail
1 kg de pommes de terre
150 g de beurre demi-sel
sel, poivre

- Préchauffer le four à 240 °C (th. 8). Éplucher une gousse d'ail et l'user sur les os du rôti. Enduire tout le rôti de moutarde.
- Le poser dans un grand plat à four en terre.
- Saler, poivrer, l'arroser d'huile et l'entourer des gousses d'ail non épluchées. Poser dessus le beurre en petits morceaux et mettre 15 min au four.
- Éplucher les pommes de terre, les laisser entières si elles sont petites. Les essuyer dans un torchon et les répartir autour du rôti. Baisser le four à 200 °C (th. 6) et laisser cuire 1 h en arrosant de temps en temps avec le jus du plat.
- Retourner le rôti une fois en cours de cuisson.

Gigot de Belle-Île-en-Mer

POUR 6 À 8 PERSONNES
Préparation : 15 min
Cuisson : 45 min

1 beau gigot de Belle-Île de 2,5 à 3 kg
1/2 verre moyen (7,5 cl) d'eau-de-vie de cidre
3 grosses gousses d'ail finement écrasées
3 grosses têtes d'ail, si possible frais, non épluchées et laissées entières
1 cuillerée à soupe de thym émietté
70 g de beurre demi-sel mou
4 cuillerées à soupe de chapelure
curry, sel, poivre

Accompagnement

1,5 kg de haricots blancs (cocos bretons ou lingots de Paimpol) frais
1 gros oignon grossièrement haché
2 gousses d'ail non épluchées
1 brin de thym
1 feuille de laurier
1 tablette de bouillon de bœuf
1 noix (50 g) de beurre demi-sel
sel, poivre

Cuire les haricots

- Dans une casserole à fond épais, faire fondre l'oignon avec le beurre sur feu doux. Ajouter les haricots et les recouvrir d'eau. Saler, poivrer, ajouter la tablette de bouillon, l'ail non épluché, thym et laurier. Couvrir, amener à ébullition. Puis réduire le feu et laisser mijoter 45 min en remuant de temps en temps et en rajoutant un peu d'eau si nécessaire.

Cuire le gigot

- Préchauffer le four sur maximum.
- Avec une pointe de couteau affûté, tracer sur la partie charnue du gigot une sorte de grille. Ensuite le poser dans un grand plat à four en terre et l'arroser d'eau-de-vie de cidre. Laisser sécher 5 min. Malaxer le beurre mou avec l'ail écrasé, le thym, une bonne pincée de curry, la chapelure, sel et poivre. En enduire entièrement le gigot.
- Envelopper chaque tête d'ail dans de l'aluminium ménager et les disposer dans le plat autour du gigot.
- Enfourner, réduire la température à 200 °C (th. 6) au bout de 10 min et cuire encore 35 min en arrosant de temps en temps.

Servir

- Écraser les têtes d'ail au moulin à légumes ou à la fourchette. Mélanger la purée d'ail ainsi obtenue à la sauce dégraissée, servir en saucière.
- Accompagner le gigot de haricots et éventuellement d'une purée de pommes de terre.

Desserts

Crème caramel de Guenola

POUR 6 À 8 PERSONNES
Préparation : 20 min
Cuisson : 1 h 10

Caramel
14 morceaux (80 g) de sucre
2 cuillerées à soupe d'eau
1/2 cuillerée à café de vinaigre

Crème
75 cl de lait frais entier
4 cuillerées à soupe de sucre
1 cuillerée à café d'extrait de vanille
4 œufs + 5 jaunes d'œufs

Préparer un caramel roux clair

- Mélanger tous les ingrédients ou acheter un caramel tout prêt. En chemiser le moule.

Préparer la crème

- Faire chauffer le lait avec le sucre et la vanille. Fouetter les œufs et les jaunes dans une jatte et y verser petit à petit le lait bouillant. Filtrer la crème à travers un tamis fin au-dessus du moule. Poser celui-ci dans un bain-marie chaud (jusqu'aux trois quarts du moule) et faire cuire 1 h 10 à four préchauffé sur 160 °C (th. 5).
- Laisser refroidir 3 h avant de démouler.

Brume de Plougastel

POUR 6 PERSONNES
Préparation : 30 min
Réfrigération : 2 h au minimum

1 kg de fraises de Plougastel
6 cuillerées à soupe de sucre (120 g)
2 blancs d'œufs
20 cl de crème fraîche liquide bien froide et non allégée
2 cuillerées à soupe de kirsch
2 cuillerées à soupe de jus de citron
1 pincée de sel

- Réserver six jolies fraises avec leurs queues pour la décoration.
- Équeuter le reste et les mixer en purée avec le jus de citron et le kirsch.
- Fouetter les deux blancs d'œufs en neige ferme avec la pincée de sel, en y ajoutant doucement, en fin de parcours, le sucre.
- Y mélanger délicatement la purée de fraises à l'aide d'une spatule souple sans chercher à mélanger parfaitement.
- Fouetter la crème en chantilly ferme et l'incorporer dans la mousse de fraises en soulevant la masse pour obtenir une mousse striée blanche et rose.
- Verser cette brume dans des coupes transparentes ou des verres à pied. Décorer chaque coupe d'une fraise et les mettre 2 h au moins dans le réfrigérateur avant de les servir.
- Accompagner de crêpes dentelle.

Crêpes de froment

POUR ENVIRON 24 CRÊPES
Préparation : 10 min
Repos : 1 h
Pâte à crêpes de Basse-Bretagne
250 g de farine de froment
3 cuillerées à soupe de farine de blé noir
1 œuf
120 g de sucre
120 g de beurre demi-sel fondu
1 grand verre (25 cl) de lait frais entier
1 grand verre (25 cl) d'eau
1 cuillerée à café de cannelle en poudre
1 cuillerée à café d'eau de fleur d'oranger
2 cuillerées à soupe d'eau-de-vie de cidre ou de calvados
1 tasse (environ 150 g) de beurre mou pour graisser la poêle
Matériel spécifique
1 tournette ou spatule en bois
2 galetoires ou 2 poêles à crêpes à revêtement antiadhésif et à bords plats
1 petit tampon de toile ou du papier absorbant pour graisser la poêle

Préparer les crêpes

- Mélanger les farines dans la jatte. Creuser un puits au centre, y casser l'œuf. Ajouter le sucre. Commencer à tourner la pâte avec la cuillère de bois (au centre) en incorporant petit à petit l'eau, puis le lait. Travailler légèrement ce mélange pour obtenir une pâte lisse. Ajouter le beurre fondu et les parfums. Tourner encore un peu, laisser reposer 1 h.

Cuire les crêpes

- Graisser légèrement les deux poêles à crêpes. Poser la première sur feu et la seconde sur feu doux.
- Mélanger une dernière fois la pâte à la louche. Puis verser une petite louchée de pâte dans la première poêle sur feu vif lorsque celle-ci est brûlante. Incliner la poêle dans tous les sens pour que la pâte en recouvre bien tout le fond, puis en rejeter l'excédent dans la jatte. Faire cuire sur feu vif jusqu'à ce que le centre de la crêpe ne soit plus liquide. Saisir alors un bord de la crêpe entre le pouce et l'index de la main gauche et le poser à cheval sur la tournette ou spatule. D'un mouvement rapide, la soulever et la retourner dans la seconde poêle. La laisser terminer sa cuisson le temps de regarnir (après l'avoir graissée) la première poêle.
- La servir nature ou beurrée ou garnie.

- Si vous désirez préparer les crêpes à l'avance, de 30 min à 1 h, vous pouvez les garder au chaud sur un plat posé sur une casserole d'eau frémissante et recouvertes d'aluminium ménager.
- Si vous désirez les préparer plusieurs heures à l'avance en vue de les réchauffer, les laisser refroidir, étalées sur un torchon. Puis empilées et entourées d'aluminium ménager, vous les garderez dans un endroit frais pendant 24 h.

Réchauffer les crêpes

- Graisser à nouveau la ou les poêles et réchauffer la crêpe 30 s de chaque côté.
- Pour réchauffer des crêpes achetées sous vide, la pâte étant alors légèrement plus sèche, il sera préférable de les humidifier avec un pinceau trempé dans du lait froid juste avant de les mettre dans la poêle.

Crêpes aux pommes

150 g de farine de froment
50 g de farine de blé noir
125 g de sucre
1 sachet de sucre vanillé
2 jaunes d'œufs
1 grand verre (25 cl) de lait
250 g de pommes crues finement râpées
1 bonne pincée de sel
beurre demi-sel pour la cuisson

Préparer la pâte

- Mélanger les farines avec les sucres dans une jatte. Creuser un puits au centre, y déposer les jaunes d'œufs et le sel. Travailler la pâte avec une cuillère de bois tout en incorporant petit à petit le lait. Ajouter les pommes râpées, bien mélanger le tout.
- Cette pâte s'emploie de suite.

Cuire les crêpes

- Les crêpes aux pommes devant être petites et assez épaisses, il est donc préférable de les faire cuire dans une petite poêle de la taille d'une assiette à dessert.
- Chauffer une grosse noisette de beurre demi-sel dans la poêle sur feu moyen. Lorsqu'il est bien chaud, y étaler une petite louchée de pâte et laisser cuire jusqu'à ce que le centre de la crêpe soit ferme. La retourner avec une spatule fine et cuire encore 2 à 3 min de l'autre côté.
- La glisser sur une assiette, ne pas la plier, poser un morceau de beurre frais dessus et la saupoudrer de sucre.
- On peut aussi finir de la garnir d'une coque de crème fouettée et d'une pincée de cannelle.

Corolles de Plougastel

POUR 4 PERSONNES
Préparation : 30 min
Réfrigération : 1 h
1 kg de belles fraises
250 g de framboises fraîches ou surgelées
3 cuillerées à soupe de liqueur de framboise
3 cuillerées à soupe de gelée de groseille
3 cuillerées à soupe de jus de citron
3 cuillerées à soupe de sucre

Préparer les fraises

- Équeuter les fraises, mais réserver les queues. Choisir quatre belles fraises pour la décoration, les réserver. Couper le reste en lamelles dans le sens de la hauteur.
- Disposer les plus jolies lamelles de fraises en cercles concentriques (en forme de corolle) sur quatre grandes assiettes. Commencer par le bord de l'assiette et les faire chevaucher vers le centre. Piquer une fraise réservée sur le centre.
- Entourer ces corolles avec les queues de fraises comme un collier de verdure.

Préparer le coulis

- Mixer le reste des lamelles avec les framboises, le jus de citron et le sucre. Verser cette pulpe dans une casserole, ajouter la liqueur de framboise et la gelée de groseille. Faire chauffer le tout en mélangeant avec une cuillère de bois jusqu'à début d'ébullition. Laisser refroidir. Verser sur les corolles. Mettre les assiettes 1 h dans le réfrigérateur.

Fars buan

PAR PERSONNE
1 œuf
1 cuillerée à soupe de farine
1 cuillerée à soupe de sucre
2 cuillerées à soupe de lait
1 noisette de beurre demi-sel

- Faire chauffer le beurre dans une poêle. Mélanger l'œuf, la farine et le sucre dans un bol. Ajouter le lait. Tourner en pâte lisse et fluide.
- Verser dans le beurre brûlant. Laisser cuire 3 min d'un côté puis retourner cette grosse crêpe et cuire encore 3 min de l'autre côté, en glissant un petit morceau de beurre frais dessous.
- La servir de suite avec de la confiture ou un mélange de sucre et de cannelle.

- Les *fars buan* se font un par un, ainsi le veut la tradition. Mais en bateau, c'est un excellent petit dessert qui cale bien les affamés.
- Vous pouvez, au gré de votre fantaisie, y ajouter une cuillerée de rhum, ou un peu de sucre vanillé.

Far de la « vieille »

POUR 6 PERSONNES
Préparation : 15 min
Cuisson : 35 à 40 min
3 pommes aigrelettes (reinettes, canada, etc.)
1 grosse poignée de raisins secs
quelques pruneaux dénoyautés
1 grosse noix (50 g) de beurre demi-sel
2 cuillerées à soupe de sucre
6 cuillerées à soupe de rhum brun

Pâte
200 g de farine
250 g de sucre
2 sachets de sucre vanillé
4 œufs
1/2 sachet de levure chimique
75 cl de lait cru entier (à 1 l)
1 pincée de sel

Préparer les fruits

- Faire chauffer sur feu doux les raisins et les pruneaux avec le rhum, le temps de la préparation du far.
- D'autre part, éplucher les pommes et les couper en tranches. Chauffer le beurre dans une poêle sur feu vif. Lorsqu'il est brûlant, y dorer les pommes 2 min, puis les saupoudrer de sucre, faire caraméliser. Les verser dans un grand moule à manqué largement beurré (ou un plat en terre).

Préparer la pâte

- Préchauffer le four sur 240 °C (th. 8).
- Faire chauffer le lait.
- Mélanger dans une jatte la farine, la levure chimique, le sucre, le sucre vanillé et la pincée de sel. Creuser un puits au centre, y casser les œufs.
- Tourner avec une cuillère de bois en commençant par le centre et en élargissant les cercles pour incorporer petit à petit la farine. Verser lentement le lait chaud sur la pâte en tournant vivement. Ajouter les raisins et les pruneaux au rhum, mélanger le tout.
- Verser la pâte sur les pommes et enfourner. Faire cuire 15 min sur 240 °C (th. 8) jusqu'à ce que la pâte gonfle, puis réduire la température à 180 °C (th. 6) et cuire encore 25 min.
- Démouler tiède ou emporter dans le moule.

Far aux pruneaux

POUR 6 PERSONNES
Préparation : 10 min
Cuisson : 40 min
250 g environ de pruneaux
125 g de farine
125 g de sucre
2 sachets de sucre vanillé
4 œufs
3 cuillerées à soupe de rhum
1/2 sachet de levure chimique
75 cl de lait entier
1 pincée de sel
beurre pour le moule

- Préchauffer le four à 240 °C (th. 8).
- Verser la farine dans une jatte, y mélanger le sucre, le sucre vanillé, le sel et la levure chimique. Creuser un puits au centre, y placer les œufs. Puis tourner le mélange avec une cuillère de bois en commençant par le centre et en incorporant petit à petit la farine.
- D'autre part, faire chauffer le lait avec le rhum et les pruneaux. Le verser lentement sur la pâte en tournant vivement le mélange et en laissant venir les pruneaux en dernier. Verser le tout dans un moule à manqué beurré et enfourner.
- Faire cuire 10 min à 240 °C, puis réduire le four à 200 °C (th. 6), et cuire encore 30 min. Laisser tiédir avant de démouler.

Far aux raisins secs

POUR 6 PERSONNES
Préparation : 10 min
Cuisson : 35 min
2 bonnes poignées de raisins secs

- Procéder de la même manière que pour le far aux pruneaux mais en fin de cuisson, saupoudrer de sucre et faire caraméliser sous le gril.

Far aux pommes

POUR 6 PERSONNES
Préparation : 15 min
Cuisson : 35 à 40 min
4 pommes aigrelettes (teint frais, reinettes, etc.)
1 grosse noix (50 g) de beurre demi-sel
2 cuillerées à soupe de sucre

Pâte
125 g de farine
125 g de sucre
2 sachets de sucre vanillé
4 œufs
2 cuillerées à soupe de rhum
1/2 sachet de levure chimique
75 cl de lait entier
1 pincée de sel

Préparer les pommes

- Éplucher les pommes et les couper en tranches. Faire chauffer le beurre dans une poêle sur feu vif. Lorsqu'il est brûlant, y dorer les pommes 2 min, puis les saupoudrer de sucre, faire caraméliser. Les verser dans un moule à manqué largement beurré.

Préparer la pâte

- Préchauffer le four sur 240 °C (th. 8).
- Mélanger dans une jatte : la farine, la levure chimique, le sucre, le sucre vanillé et la pincée de sel. Creuser un puits, y casser les œufs. Tourner en mélangeant avec une cuillère de bois en commençant par le centre et en élargissant les cercles pour incorporer petit à petit la farine.
- D'autre part, faire chauffer le lait avec le rhum et le verser lentement sur la pâte en tournant vivement le mélange.
- Verser la pâte sur les pommes et enfourner. Faire cuire 10 à 15 min sur 240 °C, jusqu'à ce que la pâte gonfle. Puis réduire la température à 180 °C (th. 6) et cuire encore 20 à 25 min.
- Démouler tiède. Servir tiède ou froid.

Fars préset

POUR 6 PERSONNES
Préparation : 25 min
Cuisson : 25 min
50 cl de lait cru entier, tiède
3 œufs
200 g de farine + 50 g de Maïzena
100 g de sucre
2 sachets de sucre vanillé
150 g de raisins secs
1/2 verre moyen (7 cl) de rhum
1 pincée de sel
beurre demi-sel

- Faire chauffer le rhum dans une petite casserole avec les raisins. Retirer du feu, flamber et laisser gonfler.
- Verser la farine et la Maïzena dans une grande jatte. Y mélanger le sucre, creuser un puits au centre et y casser les œufs. Tourner à la cuillère de bois en commençant par les œufs et en incorporant petit à petit la farine puis le lait tiède. Battre vigoureusement cette pâte ; y ajouter les raisins.
- Chauffer une grosse noix (60 g) de beurre dans une grande poêle sur feu vif en la faisant tourner pour graisser les bords.
- Y verser la pâte, remuer à la cuillère de bois jusqu'à épaississement de la pâte.
- Réduire alors le feu, glisser des petits morceaux de beurre sous la pâte et presser celle-ci avec le dos de la cuillère.
- Retourner ce fars en utilisant une grande assiette et en remettant du beurre dans la poêle.
- Lorsque le fars est bien doré des deux côtés, le glisser sur un plat. Le saupoudrer de sucre vanillé et le servir chaud avec une compote de fruits ou un coulis.

Gâteau breton

POUR UN MOULE DE Ø 26 CM
Préparation : 15 min
Cuisson : 45 min
350 g de farine
1 œuf et 5 jaunes d'œufs
300 g de sucre
1 sachet de sucre vanillé
350 g de beurre demi-sel très mou
1 cuillerée à soupe d'eau de fleur d'oranger
beurre pour le moule
1 jaune d'œuf
1 cuillerée à café de lait
1/2 cuillerée à café de sucre

- Verser la farine dans une grande jatte. Y mélanger le sucre et le sucre vanillé. Creuser un puits au centre et y placer les œufs, le beurre mou et l'eau de fleur d'oranger. Travailler cette pâte à la cuillère de bois juste pour mélanger les ingrédients et en faire une boule.
- Beurrer largement un moule à manqué ou une tourtière. Préchauffer le four à 180 °C (th. 6). Installer la pâte dans le moule et l'aplatir.
- Dorer avec le jaune d'œuf mélangé à une cuillerée de lait et une demi-cuillerée à café de sucre. Puis strier la surface de la pâte avec les dents d'une fourchette. Faire cuire 45 à 50 min dans le four.
- Il doit être blond doré et très moelleux.
- Laisser refroidir avant de démouler.

Fouesnantais

POUR 6 PERSONNES
Préparation : 20 min
Cuisson : 45 min
6 grosses tranches de pain au lait ou brioche
50 cl de lait chaud
1 sachet de sucre vanillé
125 g d'amandes en poudre
150 g de sucre
3 œufs
1 kg de cerises équeutées
Décoration du gâteau
1/2 cuillerée à café de cannelle
3 cuillerées à soupe de sucre
2 cuillerées à soupe de chapelure
70 g de beurre demi-sel

- Émietter le pain au lait dans une grande jatte et l'arroser de lait chaud. Réduire en panade puis ajouter le sucre, le sucre vanillé, les amandes en poudre et les œufs. Bien mélanger, y incorporer les cerises. Verser le tout dans un plat à four en terre (ou en porcelaine à feu) largement beurré et lisser le dessus.
- Mélanger dans un bol : cannelle, sucre et chapelure, en saupoudrer le dessus du gâteau. Parsemer de flocons de beurre demi-sel. Faire cuire 45 min dans le four préchauffé à 200 °C (th. 6). Servir tiède ou froid (ne pas démouler).
- Accompagner éventuellement d'une crème anglaise.

Gâteau au chocolat « Force 4 »

POUR 6 PERSONNES
Préparation : 25 min
Cuisson : 25 à 30 min
4 œufs
200 g de sucre
200 g de beurre mou
200 g de chocolat noir à 64 % de cacao
50 g de farine
1/2 cuillerée à café d'extrait de café
2 cuillerées à soupe de Cointreau (facultatif)

- Dans une jatte, fouetter les œufs avec le sucre au batteur électrique jusqu'à ce qu'ils doublent de volume.
- Faire fondre le chocolat au bain-marie, avec deux cuillerées à soupe d'eau, le Cointreau et l'extrait de café. Lorsqu'il est bien mou, mélanger, ajouter le beurre et mélanger le tout en pommade. L'incorporer aux œufs et ajouter la farine à travers un tamis.
- Beurrer et sucrer un moule à manqué de Ø 26 cm. Y installer la pâte. Faire cuire 25 à 30 min dans le four préchauffé à 170 °C (th. 5).
- Laisser tiédir 10 min avant de démouler. Laisser refroidir 30 min puis envelopper de papier aluminium pour l'emporter.

Kouign-Amann de Fanch

POUR 6 À 8 PERSONNES
Préparation : 15 min
Poussée de la pâte : 1 h
Cuisson : 20 min

300 g de farine
15 g de levure de boulanger fraîche
1 verre (18 cl) d'eau tiède (1 cuillerée à soupe d'eau = 2 cl)
250 g de beurre demi-sel d'excellente qualité, ramolli
250 g de sucre
1 cuillerée à café rase de sel

- Délayer la levure dans l'eau tiède et laisser gonfler 10 min, puis verser sur la farine dans une jatte, ajouter le sel.
- Mélanger et battre cette pâte à la main pendant 5 à 10 min. Couvrir la jatte d'un linge et laisser lever la pâte 1 h dans un endroit tiède, jusqu'à ce qu'elle double de volume.
- Préchauffer le four sur 220 °C (th. 7).
- Fariner le plan de travail, y étendre la pâte à la main sur environ 2 cm d'épaisseur. Poser 200 g de beurre et 200 g de sucre au centre et ramener les bords de la pâte pour enfermer le tout.
- La poser alors dans un moule à tarte (de préférence en porcelaine à feu) et ramener à nouveau les bords de la pâte en appuyant avec le poing sur le centre. On a ainsi une petite déclivité au milieu de la pâte.
- Ramollir 50 g de beurre jusqu'à ce qu'il soit presque fondu et le couler sur la pâte. Saupoudrer de 50 g de sucre et enfourner sur la grille du four.
- Glisser en dessous la lèchefrite, remplie d'eau. Faire cuire 20 min.
- L'eau dans le four créera une chaleur humide, ce qui donnera un Kouign-Amann moelleux à souhait.
- Peut se faire également avec une pâte à pain achetée toute prête.

Gâteau de riz

POUR 6 PERSONNES
Préparation : 15 min
Cuisson : 25 min

1 bol de riz au lait (soit un reste de la veille, ou réalisé avec la moitié des proportions données dans la recette)
3 cuillerées à soupe de rhum
2 œufs (blancs séparés des jaunes)
12 abricots frais (ou en boîte)
6 cuillerées à soupe de sucre
50 g de beurre demi-sel

- Tiédir le riz au lait, puis y ajouter le rhum et les jaunes d'œufs. Fouetter les blancs en neige et les incorporer également.
- Beurrer un moule en porcelaine à feu, y étaler la moitié du riz au lait. Le recouvrir de douze demi-abricots. Les saupoudrer de trois cuillerées à soupe de sucre. Étaler le reste du riz au lait puis à nouveau douze demi-abricots. Saupoudrer de sucre, parsemer de petits flocons de beurre demi-sel.
- Faire cuire 25 min dans le four préchauffé sur 200 °C (th. 6). Terminer la cuisson par 3 min sous le gril pour dorer le dessus.
- Servir tiède ou froid.
- Peut se faire avec des prunes ou des reines-claudes.

Mousse d'avalou aux croquants de pomme

POUR 6 PERSONNES
Préparation : 40 min
Réfrigération de la compote : au minimum 2 h

3 pommes pas très mûres et acidulées
1 citron
300 g de sucre
3 cuillerées à soupe d'eau-de-vie de cidre ou calvados
20 cl de crème fraîche liquide (non allégée) et bien froide

Croquants de pomme
1 sachet (50 g) de chips de pomme
150 g de sucre

Préparer la compote

- Laver les pommes, les couper, avec peau et pépins, en morceaux dans une casserole.
- Ajouter le sucre, l'eau-de-vie de cidre, le zeste (en fines lamelles), le jus du citron et un tiers de verre d'eau.
- Couvrir et laisser cuire en compote sur feu doux (15 à 20 min). Puis passer cette compote au moulin à légumes, jeter peaux et pépins, laisser refroidir la compote et la réfrigérer 2 h au minimum, voire une nuit.
- Fouetter la crème fraîche en chantilly ferme. L'amalgamer à la compote froide. Remplir six coupes à glace de cette mousse d'avalou et la réserver dans le réfrigérateur jusqu'au moment de servir.

Préparer les croquants de pomme

- Huiler légèrement (avec un tampon de papier absorbant imbibé d'huile) une feuille de papier sulfurisé et la poser sur le plan de travail.
- Faire un caramel doré : verser le sucre dans une petite casserole avec trois cuillerées à soupe d'eau. Amener à ébullition sur feu moyen en remuant avec une cuillère de bois jusqu'à dissolution du sucre. Retirer la cuillère, saisir la casserole par le manche et la faire tourner sur le feu pour chauffer uniformément le caramel. Dès que celui-ci prend une jolie teinte dorée, retirer du feu et plonger la casserole dans un bain-marie bouillant. Porter l'ensemble sur le plan de travail.
- Rapidement, à l'aide d'une pince à épiler, tremper les chips de pomme un par un dans le caramel et les étaler sur la feuille de papier sulfurisé.
- Les laisser sécher et durcir, puis les ranger dans une boîte en plastique jusqu'au moment de servir.

Servir

- Piquer cinq à six croquants de pomme dans chaque coupe de mousse d'avalou et servir de suite.
- Pour obtenir une crème chantilly ferme, il est conseillé d'employer une crème fraîche très froide ; de la fouetter avec un batteur à blanc d'œufs, dans un récipient adapté à la quantité de crème (c'est-à-dire, pour 20 cl de crème, un bol haut et étroit) afin que les fouets du batteur y plongent.

Mêlée de pêches au muscadet

POUR 4 PERSONNES
Préparation : 5 min
8 pêches mûres
1 verre moyen (15 cl) de bon muscadet
le jus de 1 citron + 1 languette de zeste
6 cuillerées à soupe de sucre

- Verser le vin et le jus de citron dans une jatte. Ajouter le sucre et la languette de zeste.
- Y couper les pêches en morceaux, de préférence avec la peau. Mélanger et mettre 1 h au frais.
- Ajouter éventuellement quelques feuilles de menthe fraîche au moment de servir.
- Peut s'accompagner d'une boule de glace au parfum de votre choix. Servir alors dans des coupes.

Pâte semi-feuilletée au cidre

POUR 2 TARTES DE Ø 24 CM
Préparation : 10 min
Repos : 1 nuit
25 cl de cidre
200 g de beurre demi-sel coupé en morceaux
300 g de farine
2 cuillerées à soupe de sucre

- Verser le cidre et le beurre dans une casserole assez grande. Faire chauffer à bouillir.
- Lorsque le beurre est fondu, ajouter la farine d'un seul coup. Retirer du feu et mélanger vivement avec une cuillère de bois. Ajouter le sucre.
- Verser la pâte dans une jatte, la laisser refroidir à température ambiante. Puis l'envelopper d'un film plastique et la réfrigérer.
- La sortir du réfrigérateur 30 min avant l'emploi pour la détendre.
- Cette pâte se conserve huit jours dans le réfrigérateur et peut aussi se congeler.
- On peut remplacer le cidre par de l'eau ou du vin blanc et supprimer le sucre si l'on désire une pâte salée.

Petits bigoudens

Préparation : environ 20 à 30 min
Repos : 20 min
Cuisson : 15 min
300 g de farine
1/2 sachet de levure chimique
150 g de sucre
2 cuillerées à soupe de miel
150 g de beurre demi-sel très mou
4 jaunes d'œufs
3 cuillerées à soupe de crème fraîche épaisse
3 cuillerées à soupe d'eau-de-vie de cidre (facultatif)
4 gouttes d'extrait d'amande amère
125 g d'amandes en poudre
1 blanc d'œuf battu
1 cuillerée à soupe de sucre

- Mélanger la farine avec la levure chimique et le sucre dans une jatte. Creuser un puits et y déposer : le beurre, le miel, la crème fraîche, les jaunes d'œufs, l'eau-de-vie et l'extrait d'amande amère. Mélanger en pâte homogène puis ajouter les amandes en poudre. Travailler la pâte à la main pour en former une boule. Laisser reposer 20 min au frais.
- Préchauffer le four sur 200 °C (th. 6).
- Étaler la pâte sur 5 mm d'épaisseur sur la table farinée et la découper avec un verre ou un emporte-pièce (par exemple : des petits moules à pâté de sable).
- Poser ces petits bigoudens sur une tôle beurrée. Les badigeonner au blanc d'œuf mélangé au sucre et les faire cuire 15 min dans le four.
- Laisser refroidir avant de les enfermer dans une boîte.

Poiré de Mamm-Gozh

POUR 6 PERSONNES
Préparation : 15 min
Cuisson : 40 min
4 œufs
200 g de sucre
100 g de beurre fondu
200 g d'amandes en poudre
3 à 4 gouttes d'extrait d'amande amère
2 cuillerées à soupe d'alcool de poires
1 bocal de 6 demi-poires au sirop
1 noisette de beurre pour le moule

- Battre les œufs en mousse avec le sucre. Y incorporer l'extrait d'amande amère, le beurre fondu, les amandes en poudre et l'alcool de poires.
- Beurrer un moule à tarte en porcelaine à feu et y disposer les demi-poires en rosace. Recouvrir avec la pâte en laissant apparaître le dos des poires.
- Enfourner à four froid et positionner celui-ci sur 160 °C (th. 5). Laisser cuire 40 min.
- Servir tiède ou froid.

Pommé de Ya-Ya

POUR 6 PERSONNES
Préparation : 20 min
Cuisson : 30 min
500 g de pommes aigrelettes et fondantes (reinettes)
3 verres (60 cl) de lait frais entier tiédi
2 verres de sucre
2 verres de farine
2 gros œufs
1 sachet de levure chimique
180 g de beurre demi-sel très mou
1/2 cuillerée à café de sel
1 sachet de sucre vanillé

- Mélanger, dans une jatte, le sucre, le sel et les œufs en battant avec un fouet. Ensuite tourner avec une cuillère de bois et incorporer petit à petit la farine et la levure tamisées. Terminer par le beurre et le lait tiède.
- Éplucher les pommes, les couper en grosses tranches dans la pâte.
- Garnir un moule à manqué d'un fond d'aluminium ménager, puis beurrer le tout.
- Verser la pâte dans le moule et faire cuire le pommé 30 min dans le four préchauffé à 200 °C (th. 6).
- Saupoudrer de sucre vanillé au sortir du four. Laisser tiédir avant de démouler.
- Ce dessert se mange tiède.

Quatre-quarts de Caroline

POUR 6 À 8 PERSONNES
Préparation : 20 min
Cuisson : 35 à 45 min
4 œufs (calibre 55) à température tiède
225 g de beurre mou
225 g de sucre
225 g de farine à gâteaux avec levure incorporée
1 citron non traité
1 pincée de sel

- Dans une grande jatte, tourner le beurre en mousse 3 à 4 min, y incorporer les œufs un à un en tournant longuement entre chaque afin d'obtenir une consistance de mayonnaise.
- Ajouter le sel, le zeste râpé et le jus du citron. Puis peu à peu la farine.
- Beurrer un grand moule à cake, y verser la pâte et faire cuire à mi-hauteur du four préchauffé à 200 °C (th. 6), de 35 à 45 min.
- Vérifier la cuisson à 35 min en piquant une lame de couteau au centre, elle doit ressortir sèche.
- Laisser refroidir avant de démouler.

Renverse de pommes

POUR 4 À 6 PERSONNES
Préparation : 20 min
Cuisson : 25 à 30 min

- 3 pommes acidulées (belles-de-boskoop, reinettes, etc.)
- 125 g de farine
- 1 sachet de levure chimique
- 125 g de sucre
- 3 œufs
- 100 g de beurre demi-sel fondu en pommade
- 50 g de beurre en petits morceaux
- 1 citron
- 4 cuillerées à soupe d'eau-de-vie de cidre ou calvados
- 5 cuillerées à soupe de caramel liquide

- Beurrer un moule à manqué antiadhésif de Ø 24 cm et y verser le caramel.
- Éplucher les pommes, les couper en lamelles et les disposer en rosace sur le caramel. Parsemer de petits morceaux de beurre. Arroser d'eau-de-vie de cidre.

Préparer la pâte

- Séparer les jaunes des blancs des trois œufs. Tourner les jaunes en mousse avec le sucre (5 min). Ajouter le zeste râpé et le jus de citron. Incorporer petit à petit la farine mélangée à la levure puis le beurre fondu.
- Fouetter les blancs d'œufs en neige avec une pincée de sel et les amalgamer délicatement à la pâte. Verser la pâte dans le moule. Faire cuire 25 à 30 min dans le four préchauffé à 200 °C (th. 6).
- Laisser tiédir au sortir du four, puis renverser sur un plat de service. Servir la renverse de pommes tiède ou froide, accompagnée d'une crème anglaise.
- Peut se faire aussi avec des poires.

Renverse de framboises

POUR 4 À 6 PERSONNES
Préparation : 15 min
Cuisson : 25 min
500 g de framboises
4 cuillerées à soupe de sucre cristallisé
125 g de farine
1 sachet de levure chimique
125 g de sucre
3 œufs
100 g de beurre fondu en pommade
1 grosse noisette de beurre (pour le moule)
1 citron

- Beurrer largement un moule à manqué de Ø 24 cm. Répartir les framboises sur le fond et les saupoudrer de sucre cristallisé.
- Préparer la pâte comme il est indiqué dans la renverse de pommes, la verser dans le moule et faire cuire 25 min dans le four préchauffé à 200 °C (th. 6).
- Laisser bien tiédir avant de renverser. Servir accompagnée d'une jatte de crème fraîche légèrement sucrée.
- Peut se faire également avec des mûres.

Riz au lait Roz ar Milin

POUR 6 PERSONNES
Préparation : 10 min
Cuisson : 40 min
200 g de riz rond (très important)
1 l de lait frais
1 gousse de vanille fendue en deux
1 sachet de sucre vanillé
150 g de sucre
1 grosse noix (60 g) de beurre demi-sel

- Faire cuire 2 min le riz dans un litre d'eau bouillante salée. L'égoutter.
- Verser le lait dans une casserole. Ajouter le sucre, sucre vanillé et la gousse de vanille.
- Amener à ébullition en remuant pour dissoudre le sucre, puis y jeter le riz.
- Laisser mijoter 40 min sur feu doux en remuant de temps en temps. Retirer du feu, y mélanger le beurre, verser dans une jatte.
- Il était de coutume dans les campagnes de laisser légèrement « attacher » le riz, juste à lui donner une jolie teinte rosée.
- Servir tiède ou froid avec une compote de fruits (prunes, pommes, pêches ou abricots).

Tarte aux pommes rustique

POUR 4 PERSONNES
Préparation : 20 min
Cuisson : 30 min
250 g de pâte semi-feuilletée au cidre
4 grosses pommes acidulées (Teint frais, reinettes)
1 poignée de raisins secs blonds
3 à 4 cuillerées à soupe d'eau-de-vie de cidre
1 noix (50 g) de beurre demi-sel
3 cuillerées à soupe de sucre
2 cuillerées à soupe d'amandes effilées

- Faire chauffer, dans une petite casserole, les raisins secs avec l'eau-de-vie de cidre. Puis les flamber et les laisser macérer le temps de la préparation.
- Préchauffer le four à 210 °C (th. 7).
- Garnir un moule à tarte de Ø 24 cm avec la pâte semi-feuilletée au cidre.
- Éplucher les pommes et les couper en six quartiers. Les disposer sur la pâte. Les saupoudrer de sucre. Les recouvrir avec les raisins macérés et les amandes effilées.
- Parsemer tout le dessus de la tarte de petits flocons de beurre.
- Faire cuire 30 min dans le four ou jusqu'à ce que la tarte soit dorée.
- Servir tiède.

Tarte aux myrtilles

POUR 6 PERSONNES
Préparation : 15 min
Cuisson : 45 min

1 pâte brisée
100 g de sucre
2 blancs d'œufs
50 g d'amandes en poudre
1 kg de myrtilles fraîches ou surgelées
3 cuillerées à soupe de gelée de mûres

- Préchauffer le four à 200 °C (th. 6).
- Garnir un moule à tarte démontable de Ø 26 cm avec la pâte brisée.
- Mélanger dans un bol les deux blancs d'œufs avec la poudre d'amandes et 50 g de sucre.
- En recouvrir le fond de pâte et verser les myrtilles par-dessus.
- Faire cuire la tarte 45 min dans le four.
- La saupoudrer de sucre au sortir du four et la laisser refroidir.
- Faire légèrement fondre la gelée de mûres puis l'étaler sur la tarte.
- Démouler et poser sur le plat de service.

TABLE DES RECETTES

Entrées

Desserts 96

Éditeurs : Henri Bancaud et Gaëlle Guilmard
Coordination éditoriale : Solenne Lambert
Conception graphique et mise en pages : Brigitte Racine
Impression : IME, Baume-les-Dames (25)

ISBN : 978-2-7373-4705-4
N° d'éditeur : 5884.02.03.02.11
Dépôt légal : mars 2009
Imprimé en France
www.editionsouestfrance.fr